组织正念在企业管理中的应用

——对创造力的影响机制研究

戴 屹 张昊民 著

东北大学出版社

·沈 阳·

ⓒ 戴 屹 张昊民 2024

图书在版编目（CIP）数据

组织正念在企业管理中的应用：对创造力的影响机
制研究 / 戴屹，张昊民著. — 沈阳：东北大学出版社，
2024.11. -- ISBN 978-7-5517-3624-4

Ⅰ. F273.1

中国国家版本馆CIP数据核字第202456EU90号

出 版 者：东北大学出版社
　　　　　　地址：沈阳市和平区文化路三号巷11号
　　　　　　邮编：110819
　　　　　　电话：024-83683655（总编室）
　　　　　　　　　024-83687331（营销部）
　　　　　　网址：http://press.neu.edu.cn
印 刷 者：沈阳文彩印务有限公司
发 行 者：东北大学出版社
幅面尺寸：170 mm×240 mm
印　　张：12
字　　数：222千字
出版时间：2024年11月第1版
印刷时间：2024年11月第1次印刷
责任编辑：邱　静
责任校对：项　阳
封面设计：潘正一
责任出版：初　茗

ISBN 978-7-5517-3624-4　　　　　　　　　　定价：68.00元

前　言

　　市场竞争日益激烈，高新技术产业的核心优势建立、传统产业的转型升级和可持续发展都离不开组织创新。个体创造力和团队创造力是组织创新的有效载体，因此，如何提升组织内个体创造力和团队创造力受到越来越多学者的关注。现有研究大多从领导风格、团队氛围等角度探讨影响个体创造力和团队创造力的因素。本研究选取组织内正念的视角探讨团队正念对个体创造力和团队创造力的影响。团队正念是团队工作中形成的共同认知，是组织正念研究的重要组成部分。

　　团队认知过程决定着团队如何处理团队内外部信息，对个体创造力和团队创造力同样有着至关重要的作用。因此，影响团队认知过程的重要因素即团队正念也逐渐受到学者们的关注。然而，目前关于团队正念如何以及何时对多层次创造力产生影响的研究仍然不足。基于此，本研究重点探讨团队正念对团队成员个体创造力与团队创造力的影响机制，以厘清团队正念影响多层次创造力的理论机制。围绕上述研究思路和核心问题，本研究从社会信息加工理论的视角探讨团队正念对个体创造力产生作用的机制，从社会认知理论的视角探讨团队正念对团队创造力产生作用的机制。本研究重点关注三个问题：第一，在实际工作场所的案例中，团队正念是否影响以及如何影响多层次创造力。第二，基于第一个问题的验证，本研究进一步探讨团队正念作为团队的工作状态如何影响团队成员个体创造力。第三，本研究进一步讨论团队正念如何影响团队创造力。因此，本研究以"团队正念与多层次创造力"为核心命题，通过案例研究和定量实证分析三个子研究，全面考察团队正念对多层次创造力产生作用的机制以及边界条件。

　　子研究一：选取6个团队开展团队正念对创造力影响机制探索性案例

研究。通过深入的半结构化访谈，总结、归纳团队正念在团队完成任务的实际过程中可能产生的结果以及产生这种结果的影响因素。探索性案例研究分析结果表明：首先，团队正念体验性、关注当下和不加评判处理的特点促进团队成员能够开放性地提出自己的想法，从而有利于创造力的提升。其次，团队正念的体验性能够有利于团队成员保持积极的情绪，正念团队所营造的工作氛围使团队成员愿意听取他人的建议进行自我总结、自我学习和自我改进的自我反思过程，有利于团队成员创造力的提升。最后，与个体层相似，团队正念对团队自省和团队情绪智力产生影响，进而会对团队创造力产生影响。

子研究二：团队正念对团队成员个体创造力影响机制研究。重点探讨团队正念、自我反思、个体情绪智力和个体创造力的关系，分析结果表明：团队正念对自我反思、个体情绪智力和个体创造力均存在正向显著影响；自我反思对个体创造力存在正向显著影响，且自我反思在团队正念与个体创造力之间发挥中介作用；个体情绪智力对个体创造力存在正向显著影响，且个体情绪智力在团队正念与个体创造力之间发挥中介作用。工作复杂性的调节效应表明：当工作复杂性高时，团队正念对自我反思、个体情绪智力的正向影响关系强；随着工作复杂性的降低，团队正念对自我反思、个体情绪智力的正向影响关系逐渐减弱。更进一步的分析发现，当工作复杂性高时，团队正念通过自我反思、个体情绪智力对团队成员个体创造力的间接影响亦正向显著，当工作复杂性低时，团队正念通过自我反思、个体情绪智力对团队成员个体创造力的间接影响作用不显著。

子研究三：团队正念对团队创造力影响机制研究。研究围绕团队正念、团队自省、团队情绪智力和团队创造力的关系展开。分析结果表明：团队正念对团队自省、团队情绪智力和团队创造力均存在正向显著影响；团队自省、团队情绪智力对团队创造力存在正向显著影响，且团队自省、团队情绪智力在团队正念与团队创造力之间发挥中介作用。团队任务难度的调节效应表明：当任务难度高时，团队正念对团队自省的正向影响强，随着任务难度的降低，团队正念对团队自省的正向影响逐渐减弱。更进一步的分析发现，当任务难度高时，团队正念通过团队自省对团队创造力的间接影响亦正向显著；当任务难度低时，团队正念通过团队自省对团队创造力的间接影响作用不显著。本研究发现，团队任务难度对团队正念与团队情绪智力关系的调节作用不显著，并解释了可能的原因。

基于以上研究结论，本研究具有如下创新之处：

（1）本研究将关于正念的研究由个体层面拓展和延伸到团队层面，揭示团队正念影响多层次创造力的机制。将正念在团队层面进行深刻解读，推进团队正念和创造力的相关研究进展，为如何理解团队正念的作用结果提供新的理论视角。

（2）本研究从社会信息加工理论和社会认知理论的视角，分别探讨团队正念对个体创造力和团队创造力产生影响的中间机制。不同理论视角下团队正念产生作用的中间机制的探讨能够帮助我们理解团队正念对团队层结果及个体层结果产生作用的过程，明晰团队正念如何对多层次创造力产生影响。

（3）本研究通过检验工作复杂性、团队任务难度的调节作用，将团队正念发挥作用的情境条件清晰化。研究结论能够帮助我们从工作特征的角度理解团队正念如何对多层次创造力产生不同的作用，这一结果丰富了对团队正念作用结果的理解。

限于著者水平，书中不妥之处在所难免，敬请各位读者批评指正。

著　者
2024 年 1 月

目 录

第1章 绪 论

1.1 研究背景

1.1.1 现实背景

2020年9月11日，习近平总书记在科学家座谈会上的讲话中提到科技创新需要创造力；2021年3月在福建考察期间，习近平总书记再次强调了创新对国家和社会发展的重要性。当前，以新技术为基础的各种应用进入社会生产和交换的各个领域，涌现出新业态、新行业、新产品，并且电子金融服务、数字媒体、电子商务在各领域得到应用，社会的生产方式、人们的生活方式都在发生变化，这些都有赖于创新驱动。同时，国内外市场的竞争越来越激烈，企业的理念创新、技术创新，以及管理创新都是其生存和发展的根基（Amabile，2017），组织不断增加创新所需的智力和资本投入，力求在竞争中取得优势、维持优势、突破优势。创新发展是新时代的重大命题，在创新的过程中，组织创造力的作用不言而喻。创造力是组织生存和发展的内驱力（Ali et al.，2020），其来源是团队创造力和组织内个体创造力。

在动态变化的市场环境中，挑战与机会并存，组织在蓬勃发展中面对各种不可预见的挑战，积极开发新能力、提升创造力是其生存与发展的重要手段（Zhou et al.，2014）。创新来源于员工或一小群人对产品或服务的创造性想法，创造力是创新的源泉和保障（Amabile，1988）。增强个体创造力和团队创造力已成为企业提升竞争力的关键要素（Lei et al.，2021；戴屹等，2021；梁冰倩等，2016；张昊民等，2015）。员工个体创造力备受关注的同时，组织正面临着越来越复杂的挑战，而这些挑战已经不能仅仅依靠有创造力的个人来解决了，工作团队被广泛应用于各种组织，如 GE，Cisco System，Amazon 等，

1

工作团队承担复杂的决策任务和项目任务等（De Dreu et al.，2011）。组织需要拥有不同技能、想法和知识的团队来创造性地解决这些具有挑战性的问题（马君等，2021）。团队创造力受到学者们的广泛关注（刘伟国等，2018）。从事复杂工作的团队成员经常面临一起产生新奇和有用的想法和提升他们的知识技能的期望（Shin et al.，2007）。团队被期望具有探索精神和创造力，所承担的任务具有一定的复杂性、不确定性和风险性，即任务具有难度，团队成员之间会出现不同的观点、想法（Liu et al.，2020），不同知识和思想的碰撞往往会产生新的思维方式（Guo et al.，2020）。

因此，本研究根据已有研究对团队正念的解释和应用，围绕"团队正念如何以及何时能够激发和提高多层次创造力"这一核心问题展开深入研究。本研究拟从不同视角探索团队正念对多层次创造力的影响机制。如果团队在面对突发事件或环境变化带来的挑战时，能在关键时刻保持团队正念的工作状态，使得团队成员及团队整体保持平静和清晰的思维，提高专注力，集中精力制订有效解决问题的方案，充分发挥团队成员个体创造力和团队整体创造力，那么团队的工作就会更加有效。

1.1.2　理论背景

正如我们已经注意到的，以团队形式完成任务在现代组织中越来越普遍，对于如何激发团队成员个体创造力和团队创造力，以及影响个体创造力和团队创造力的变量和促进个体创造力和团队创造力的条件，需要进一步研究（Kurtzberg et al.，2000）。以往学者关于创造力的理论和研究并没有区分个人头脑中产生的想法和由创造性协同作用产生的想法（张昊民等，2015）。在协同作用中，产生的想法是由多个人同时形成、共享、适应和激发的团队"想法"（马君等，2021）。由于新的认知输入、个性特征的结合或促进创造力的人际互动（王莉红等，2016），某种组合可能会影响团队追求创造性生产的过程。

在完成任务过程中，组织要求团队从不同的视角看待和分析事物，并将不同元素组合成新的和更好的东西（Chompunuch et al.，2019）。在团队工作状态下，团队成员在互相依赖和共同合作中开展工作，个体创造力和团队创造力都受到组织高度重视。影响创造力的因素很多，包括团队主管、团队工作氛围、团队成员组成等，在诸多因素中，团队认知过程和特质对团队创造力起到关键影响作用（Aggarwal et al., 2019；Barczak et al., 2010）。团队正念是团队认知过程形成的工作状态，对员工和整个团队的态度和行为会产生影响（Liu et al., 2022）。当下员工的焦虑和分心越来越受到重视，因为员工的焦虑和分心会影响员工的认知和情绪资源（张静等，2018）。如何降低员工的焦虑水平和提升员工的幸福体验感，从而提高员工个体创造力，已成为研究人员和管理人员关注的议题（Quy et al., 2016）。正念作为解决这些问题的一种手段，目前受到学者和组织管理者越来越多的关注（Bishop et al., 2004）。正念是一种有意识地觉察体验、不加评判地对当下问题的关注，它能够帮助个体保持冷静，精神保持清醒，以提升注意力水平（Weick et al., 2006）。组织管理领域的研究结果表明，正念有助于个人对与当前任务相关的信息给予更稳定、更有效的关注（Dane, 2010）。学者们认为，正念的影响还与其他技能和能力有关，比如创造力（Carson et al., 2006）。

Weick 等人（1999）在颇具影响力的文章 *Organizing for High Reliability: Processes of Collective Mindfulness Research in Organizational Behavior* 中将"集体正念"引入组织心理学和组织行为学，并建立了规范的概念，认为集体正念包括5个在组织层面相互关联的过程：专注于失败，不愿意简化解释，对操作的敏感性，富有弹性的承诺，不指定的组织结构（Vogus et al., 2012；Weick et al., 2001；Weick et al., 2006；Weick et al., 1999）。这篇文章的出现给组织管理的研究开辟了新的思路，学者们开始思考集体正念在组织管理中是否会对创造力产生影响，同时也产生了不同的观点。在集体正念的基础上，学者们提出了"团队正念"的概念（Yu et al., 2018；Peter Oeij et al., 2016）。团队正念可以理解为团队的特质以及成员之间的一种共同认知，团队成员在互动中感知团队工作的状态和要求，对当前事件有意识地关注，不加评判性处理（Yu et al., 2018）。团队正念与个体正念高度相关，是团队的一种工作状态，是团队合作过程中形成的一种信念。团队正念的体验性特征是对团队遇到的当前事件有意识地关注，以及感知工作状态和要求，工作中不加判断地接受其他成员的经验和观点，并产生自身的想法（Yu et al., 2018）。个体正念表现为个体层面的认知，团队正念表现为团队成员在集体层面的共同认知过程和工作特质。与个体正念议题研究不同的是，团队正念研究整个团队对当前经验的关注，以及团队内部和外部的刺激（Yu et al., 2018；Oeij et al., 2016）。团队的认知过程和特质能形成团队的共同信念，也影响着团队成员沟通和工作的方式（Liu et al.，2020）。团队正念对组织功能的最初影响是通过注意力来影响组织中个体的认知、情绪和行为（Cleirigh et al.，2015；Good et al.，2016）。

正念有助于寻找和生成新视角（Zhang et al.，2013）、顿悟出解决问题的新办法（Ostafin et al.，2012）和提升认知灵活性（Good et al.，2016）。过往研究结果已经证实正念与发散性和收敛性思维（Vogus et al.，2012）正相关。当团队成员相互分享不同观点时，他们缺乏的不是信息资源，而是对不同观点和事实的专注力（Choi et al.，2021），这种专注力能提高团队充分利用各种信息的价值，进而产生团队创造力（常涛等，2022）。团队正念使得团队成员拥有更开放的经验，从多个角度看待矛盾的信息（Langer，1989）。虽然完整的信息增加了团队讨论的范围，但对提高创造力水平至关重要（Amabile et al.，2016），团队内部的沟通和信息共享能够促进团队的创造力（Schulte et al.，2018）。在一个高度警觉的团队中，成员会以更平衡的方式接受和处理对抗性信息（Bam et al.，2019），处理信息不加评判而更加客观，促使其他团队成员积极思考，整合和利用有效信息，进而有利于团队创造力提升（Good et al.，2016；Yu et al.，2018）。在一个拥有积极社会情感的团队中，员工被鼓励交流，主动获取新的信息和资源，团队正念提供了一种轻松、客观的氛围，鼓励员工获取新的知识、能量和方法（Bazarko et al.，2013；Liu et al.，2022）。在团队正念作用下，个体能够更关注当前的事件，而不是将资源浪费在消极的事件和情绪消耗上，进而集中精力产生新的想法，提升个体创造力。

关于正念的研究受到越来越多的国内外学者关注（Callari et al.，2019）。通过对国内外关于正念研究的文献进行检索与分析，发现关于正念的研究发展近年来呈上升趋势。检索日期：2021年12月10日；检索数据库：知网；关键词：正念；检索领域：心理学、企业经济、社会学与统计学、管理学等。共检索到944篇论文。检索结果显示，国内从2009年至2021年关于正念的研究论文发表数量呈明显上升趋势（见图1.1）。在Web of Science社科领域的数据库，以mindfulness为关键词进行检索，发现共有4674篇关于正念的研究论文。从每年发表数量上看，2009年至2021年以创造力为研究主题发表的论文数量总体呈上升趋势。检索日期：2021年12月10日；检索领域：心理学、经济学、道德伦理学、组织管理等（见图1.2）。

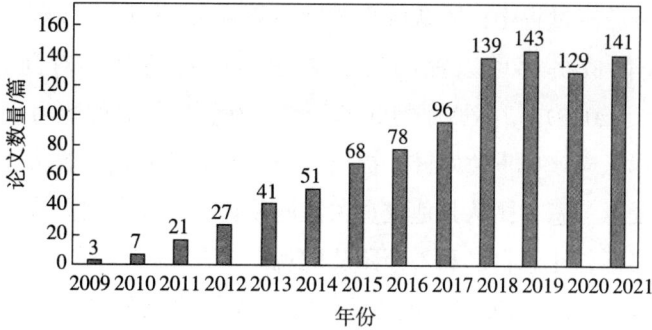

图1.1 2009—2021年国内正念研究趋势

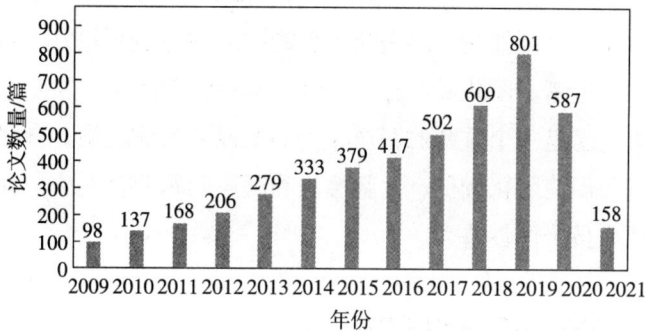

图1.2 2009—2021年国外正念研究趋势

通过梳理文献发现，关于正念的研究中，团队正念的研究甚少，个体层面的正念与组织绩效的研究有了一些研究结论，诸如正念训练与幸福感（Brown et al.，2003）、正念与创造力（Baas et al.，2014；Berkovich-Ohana et al.，2017；Byrne et al.，2019；Cheung et al.，2020）、正念与组织结构（Callari et al.，2019）、正念与创业（Chinchilla et al.，2017），等等，团队正念与组织创造力关系的研究也值得学者和企业实践者关注。团队正念能使团队成员更加意识到并接受自己属于一个团队，团队成员共同了解团队的目标、任务、角色、动态和结构，这种意识的出现是由于团队成员经常公开而非主观地、潜意识地关注这些因素（Reitz et al.，2020）。本研究认为，关注当下、体验性以及不加评判处理，构成团队正念的三个维度。其中，"关注当下"是一种智慧，它接受当下的现实，并以开放和共情的态度对待任何情况。接受事情的本来面目并不意味着忽视团队的责任，去改变那些应该改变的事情（Liu et al.，2022）。"关注当下"意味着避免"如果不是这样就好了"的讨论，而是团队共同思考如何一起解决当前遇到的问题和意外（刘生敏等，2019）。"体验性"是在团队交流和分享过程中，团队成员感知彼此尊重和倾听，团队中不仅团队领导，其他任何成员都可以提问并且表达自己的想法、对问题的看法等（Geisler et al.，2018）。"不加评判处理"是一种保持好奇的能力，为了满足这种好奇心，团队应该摁下暂停键，提出问题，对各种看法、想法、建议没有评价而是进行反思，思考团队其他成员关注的是什么，出发点是什么，以及如何达到结果和目标，注意自己和整个团队的观点，在一定程度上意识到团队是一个整体（Kiken et al.，2015）。正念团队中"不加评判处理"意味着任何成员都应该有空间和机会在会议中增强正念，团队中的每个成员都能有意识地将注意力集中到正在发生的事情上（Liu et al.，2022；刘洋等，2021）。关注当下、体验性、不加评判处理方面表现出色的团队更有创新能力，构成的团队正念更能促进团队思考。团队成员思考时注意到自己和团队中发生了什么，进一步思考：如果自己是一个重要的客户、供应商或者其他成员，自己会如何看待这个问题，进而促使团队成员产生新想法和解决问题的新办法，提升团队整体创造力和团队成员个体创造力。

1.2 研究问题与研究框架

1.2.1 研究问题

1.2.1.1 团队正念对创造力影响机制探索性案例研究

通过探索性案例研究，收集与研究主题有关的资料，探索和形成研究主体的假设命题（苏敬勤等，2011）。基于文献研究和本研究实证研究结果，设计访谈提纲，包括团队主管访谈提纲和团队成员访谈提纲。采用半结构化访谈，探索团队正念对团队创造力和团队成员个体创造力的作用机制。在访谈中，从与访谈者交流中获得具体的关键事件，描述工作实践中的各变量之间存在的关系，之后对访谈资料进行内容分析和编码分类，结合访谈收集的相关资料加以总结，试图在实际案例中探索团队正念对个体创造力和团队创造力的作用机制，并考虑影响的情境因素。

1.2.1.2 团队正念对团队成员个体创造力作用机制研究

已有学者研究正念如何影响员工创造力的产生和提升，正念能够提供一种独特的内在途径来提高工作场所的创造力（Kudesia，2015）。比如 Capurso 等人（2014）认为正念有助于激发创造性思维；Dane 和 Brummel（2014）认为工作场所中的正念与工作绩效和离职率有关，正向促进工作绩效，有效降低核心员工离职率；还有学者提出正念有助于对工作投入的提升（Tuckey et al.，2018）。过往研究发现，有创造力的人有特有的个性（Caniëls et al.，2015），如警觉、不拘谨、灵活、求知欲强、心胸开阔、自信、敢于冒险、喜欢复杂的事物、对经验开放（Darling-Hammond et al.，2020；宋志刚等，2015），那些具有积极、活跃情绪的人的创造力最强（De Dreu et al.，2008）。本研究认为，正念能够降低和减少个体对意外或突发事件的非积极反应，促进平静的状态（Eby et al.，2019；杨刚等，2021）。在这种状态下，个体变得更容易接受各种想法，并以一种更专注、更有活力的方式发展个体与周围环境互动的能力（Oeij et al.，2018），愿意接受的能力和平静处事的状态源于关注当下，排除内外部各种干扰因素（Rupprecht et al.，2019）。在团队成员遇到意料之外的情况、工作出现的新问题和新挑战的时候，能够在团队正念的团队特质影响下将意识集中在自身感觉、情感和思想上（Liu et al.，2022；姚柱等，2020），目的是多视角地思考问题、开发资源，以更有效地应对挑战和压力，从而有利于个体创造力水平的提升（Yu et al.，2018；申传刚等，2020）。本研究在以往学者对正念与个体创造力关系研究的基础上，引入团队正念，综合理解在团队正念三个维度的作用下，团队成员在团队互动过程中感知团队工作状态和要求，关注当下问题、事件或变化，接受性的学习鼓励，相互尊重和合作的意识，有助于团队成员个体创造力水平提升，因此，本研究认为，团队正念与团队成员个体创造力之间是有可能存在内在相关性的。

根据定义，创造力是一种行为结果（Amabile，1983），能够通过个体自我反思的过程得到促进，正念与创造力之间存在正向的关系（Good et al.，2016）。在正念中，个体体验的是当下的时刻，这有助于人们看到事物本来的样子。在正念中，一个人可以很容易地注意到心理活动，使注意力只集中在当前时刻的目标相关方面，并且足够广泛地包含所有相关方面（Kudesia，2015）。当有意识的时候，个体会以一种有意识选择的方式关注当下，而且有选择地关注那些与实现他们的意图或目标有关的方面（Kudesia，2015；倪丹等，2018）。因此，团队正念是团队的一种特质，是一种复杂的团队认知过程（Badham et al.，2021）。根据社会信息加工理论，团队成员个体感知到这种团队正念的力量（Capurso et al.，2014），在这种团队工作状态下，团队成员个体通过积极自我总结、自我学习、自我改进的自我反思过程产生创造性想法和输出（Park et al.，2020；Wang et al.，2019）。因此，本研究认为，具有团队正念特质能营造一种高度关注和意识的团队工作状态，积极地影响团队成员自我反思过程的意愿，进而正向影响个体创造力的产生和提升，自我反思可能在团队正念与团队成员个体创造力之间存在中介作用。

个体情绪智力是个体理解自己和他人情绪状态，包括准确感知、理解自身和他人的情绪，并能表达情绪的能力（Mayer et al.，2003），有助于促进思考的情感状态，理解情绪、调节情绪并促进情绪和智力发展的能力（Wong et al.，2002；丁越兰等，2015）。研究结果表明，情绪智力有助于提升员工持续的绩效表现，高情绪智力的员工能保持积极情绪状态，而且以积极的态度处理工作事件（MacCann et al.，2020），以此提升发散性思维而促进个体创造力。个体情绪智力通过员工工作动机影响员工工作表现（方雯等，2014）；个体情绪智力也直接影响员工沟通能力，而沟通能力与是否有创新意识和创造力有关（Silva et al.，2019）。以此，本研究将个体情绪智力作为中介变量以揭示团队正念跨层次影响个体创造力的作用机制。

在复杂和有意义的工作下，员工个体创造力水平更高（Shalley et al.，2004）。当一份工作为求职者提供学习和使用各种技能的机会，具有可识别性，对他人有重大影响，以及提供自主性和反馈时，该工作被认为具有高度的复杂性（Oldham et al.，2016）。工作复杂性包含的技能多样性、任务意义、任务身份、自主性和反馈是与创造力相关的关键方面。复杂的工作的内容通常是动态的、灵活的，而不是常规的、静态的（Chung-Yan et al.，2011）。复杂的工作需要用到各种高水平的技能，更具挑战性，对心理承受能力的要求更高（Morgeson et al.，2006）。因此，复杂性高的工作往往需要员工在身体、心理和情感上付出更多且持久的努力，从整体上系统地把握问题的实质，以增强对问题全方位的理解（Li et al.，2017）。当工作复杂性高时，员工关注当下问题、变化或新情况，能够保持情绪稳定的状态，利用工作中的多种资源来处理工作复杂性（Oldham et al.，2016）。因此，本研究认为，工作复杂性的情境能够促进团队成员在感知团队正念影响作用下，积极参与自我反思过程，提升情绪智力，产生新奇的想法，提升处理问题和完成工作的能力，即工作复杂性有可能在团队正念对团队成员个体创造力作用机制中发挥调节作用。

1.2.1.3 团队正念对团队创造力作用机制研究

团队正念是一种团队认知过程和特质，对团队创造力起关键作用（Byrne et al.，2018；Kudesia，2015），往往被视为一种独特的内在途径来提高工作场所团队的创造力（Byrne et al.，2019）。团队正念是一种团队认知过程，形成团队的共同信念（Carlo et al.，2012），也影响团队成员沟通和工作的方式（Liu et al.，2022）。Yu 和 Zellmer-Bruhn（2018）提出团队正念概念并给出解释，认为团队正念指的是"团队成员之间的共同信念，即他们的互动是以对当前事件的意识和注意，以及团队内的经验、非判断加工为特征的团队认知过程"。因此，团队正念的认知过程需要成员共享团队经验（Cooren，2016），也是团队成员之间共享的认知状态（Schulte et al.，2018）。具有高水平正念的团队倾向于关注与他们的目的相关的当前时刻产生的问题，而不是思考其他无关的问题（Berkovich-Ohana et al.，2017）。经验加工强调的是开放的、接受的和非判断的方法，观察当前发生的事实，而不使用主观的个人意见进行标记和评价，这可能会与事实产生偏见。经验加工也侧重于持续过程，而不是对刺激做出快速反应和行动（Good et al.，2016）。社会认知理论（Bandura，1977）指出，认知过程对人的行为的影响，这种认知过程来自外部信息，接收信息、充分注意和感知，从而选取有意义的信息，再将有意义的信息与自己现有的知识经验进行对比，进而选择行动机会，并做出行为反应（Bandura，2001）。创造力成分理论提出，创造力的内在动机成分（如团队协作）能促进工作动机，对于创造力产生有重要作用（Amabile，1983）。本研究认为，团队正念整合到团队创造力研究中，能够更好地理解随着成员在场并参与团队处理问题过程中的持续互动（Barczak et al.，2010），不同的观点和决策是如何演变，不同知识和思想的碰撞如何产生新的思维方式（王永跃等，2018），因此，研究认为，团队正念与团队创造力之间有可能存在内在相关性（Aggarwal et al.，2019；丁琳，2017）。

本研究认为，团队正念促进团队成员在当前对多元化思想的关注，并通过他们持续的互动和感知、体验，促进信息交流而不带有自我偏见的判断

(Boon et al.，2016)。团队正念使团队成员开放地关注不同的观点，共同为提高团队绩效寻求新的解决方案（Yu et al.，2018）。以往研究结果表明，正念与发散性和收敛性思维（Colzato et al.，2012）、寻找和生成新视角（Zhang et al.，2013）、突发事件的应对（Ostafin et al.，2012）和认知的灵活性（Good et al.，2016）正相关。因此，成员在团队互动中获取不同的信息，团队思考不同的信息，对团队任务完成状况进行反思，以此适应变化的环境和遇到的新问题、新情况，这样的团队自省提高了各种信息对团队创造力的价值（Schippers et al.，2014；Yang et al.，2020）。根据社会认知理论（Bandura，1977），团队自省是通过对自我、所处团队或环境的观察，来积累和评估信息的一系列行为的过程（Chen et al.，2018），从而产生适应性行为（West，2000；李柏洲等，2017）。团队自省（West，2000）由团队反思和团队适应组成，团队反思是指就当前团队的目标、策略和过程，团队成员共同进行思考和设问，对更广泛的组织和环境进行分析；团队适应是一种目标导向的行为，在反思阶段确定团队目标、战略、过程、组织或环境的预期变化，随之开展适应性调整，寻求新的解决问题的办法（Li et al.，2018）。团队自省包括对以前的努力过程和结果的反思和对未来工作的准备（Konradt et al.，2016）。团队自省可以预测一些团队比其他团队学习更快，表现更好（Shin，2014；朱阳阳，2017），团队自省描述了团队思考团队的策略和行为以及调整团队功能的程度，尤其是团队在面对复杂和不可预测的环境时需要做出的自省，以更好地解决问题或应对突发事件（Konradt et al.，2016）。因此，本研究将团队自省作为中介变量以揭示团队正念影响团队创造力的传导路径，在以往研究结果验证了团队自省对团队效率、决策质量、团队创新能力等团队绩效的影响（Carter et al.，1998；Sacramento et al.，2013；Schippers et al.，2015；West，2000）的基础上，进一步明确对环境的变化做出更灵活反应的能力（Konradt et al.，2016）。综上所述，本研究认为，团队自省有可能是解释团队正念与团队创造力之间关系的一个中介机制。

Druskat和Wolff（2001）认为，团队情绪智力是群体发展的一系列规范性能力，主要指群体情绪管理的过程，引导群体更好地发展，从而增强群体信任、群体认同和群体效能。有研究结果表明，团队情绪智力的前因与人际沟通有效性和冲突管理有关，团队情绪智力对团队创新、团队绩效有正向影响作用（张辉华，2021）。团队正念在团队互动中形成的工作特征及关注当下和不加评判处理能够使团队成员有思考地调整工作状态，增进团队情绪智力的正向发展，进而促进团队创造力提升（王渊，2015）。以往研究结果表明，团队情绪智力较高的团队比团队情绪智力较低的团队在顾客服务方面表现得更好（Gunsel et al.，2013），因此，本研究将团队情绪智力作为中介变量以揭示团队正念影响团队创造力的内在机理。团队正念促使团队成员共同应对当下的事件，有助于团队目标一致，彼此更加信任，以促使团队创造力的提升。

如前所述，团队正念的关注当下、体验性和不加评判处理的三个方面能否给团队带来绩效，往往与团队任务难度密不可分。团队任务的重要性不容忽视，它决定了团队在整个组织中的地位，以及在资源交换关系中的位置（Campbell，1988），是团队存在的基础和团队交互的决定性因素（张钢等，2019）。团队任务难度在于，即使给出关于项目系统的合理完整的信息，在完成过程中仍存在难以理解、预见和控制的情况（Vidal et al.，2008），而且团队任务所涉及的各种相互关联的要素可以不断变化和演变，并影响团队实现任务目标（Bakhshi et al.，2016），因此，本研究认为，团队任务难度具有不确定性和风险性。在任务难度较高的情况下，团队感知到完成任务将面临各种相关要素的变化带来的不确定性，以及在完成任务过程中每个环节都将对任务结果产生影响，甚至是不可逆的结果，给个人、团队、组织、客户都将带来风险，因此，团队集中精力思考高难度任务的完成和执行计划的要求，促使团队自省的过程并发挥作用，也能促使团队情绪智力发挥积极作用，进而有助于团队创造力的提升，即团队任务难度会正向调节团队正念与团队创造力之间的关系。

基于以上分析，本研究认为，团队正念对团队创造力会产生正向的积极作用，而团队自省和团队情绪智力将会在团队正念与团队创造力之间发挥中介作用。此外，团队任务难度在这些关系中发挥调节作用。

1.2.2 研究框架

本研究共有三个子研究。具体来讲，子研究一，团队正念对创造力影响机制探索性案例研究。在对现有国内外文献研究梳理和归纳的基础上，通过探索性案例分析，初步形成了团队正念对个体创造力和团队创造力的分析框架，并结合理论提出初始假设命题。子研究二，团队正念对团队成员个体创造力作用机制研究。在相关理论研究综述和案例研究的基础上，对团队正念、个体创造力、自我反思、个体情绪智力、工作复杂性进行逻辑关联分析，提出研究假设，并进行实证研究。子研究三，团队正念对团队创造力作用机制研究。在相关理论研究综述和案例研究的基础上，对团队正念、团队创造力、团队自省、团队情绪智力、团队任务难度进行逻辑关联分析，提出研究假设，并进行实证研究。研究框架如图1.3所示。

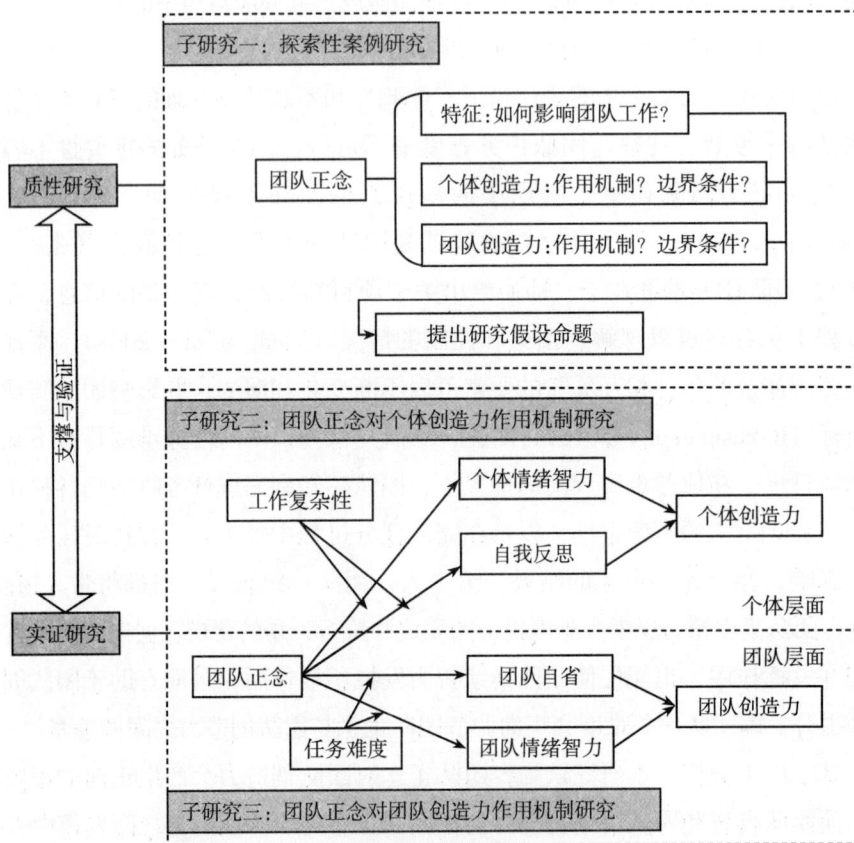

图1.3　研究框架

1.3　研究意义

1.3.1　理论意义

1.3.1.1　丰富正念理论和创造力理论的整合研究

组织创造力的价值和重要性已经在理论界和实践界达成共识（Guo et al.,

2017）。国内外研究者已对组织内不同层面的创造力进行了研究（Lei et al.，2021），少有从团队正念的视角开展研究。正念是对当前事件、问题和经历所持有的一种接受性注意和意识（Brown et al.，2007），一方面正念意味着对当下的一种觉知，也是对感官和精神体验的一种觉察，提高员工对当下问题的专注力，获得事物的本来面貌，促进员工仔细深入思考（Barry et al.，2010；张韬，2016）；另一方面使员工以平静的状态来看待突发事件、意外情况或新问题的出现，对事物进行客观冷静的审视，打破先前认知评价，提出新的创意和解决方案，是创新能力的体现（Kudesia，2015；刘生敏等，2019）。之后，有学者将正念应用到组织层面和团队层面开展研究，并提出了团队正念的概念，团队正念是团队成员之间的一种共同的认知过程，通过体验性对当前事件或问题有意识地关注，以及不加评判性处理（Yu et al.，2018）。

在实际生产工作实践中，组织中团队在完成任务过程中遇到突发事件、市场变化或意外情况是常态（Reb et al.，2013）。正念与创造力间的关系较复杂，正念引起积极情绪的增强会影响与创造力相关的认知过程（Ngo et al.，2020），未来研究需要就正念对创造力影响的具体作用机制进行深入考察（Reb et al.，2020；郑晓明等，2018）。总体来说，鲜有研究是基于团队成员的样本讨论团队正念与团队成员个体创造力以及团队创造力之间的关系。因此，基于前辈和学者的研究贡献，本研究将团队正念引入组织管理中，在工作场所开展研究，进一步理解和应用该理论，分析在组织中团队正念对团队成员个体创造力和团队创造力的影响，研究团队正念促进个体创造力跨层作用机理；研究团队正念对团队创造力的作用，以此完善正念理论与创造力理论的整合研究，为团队正念促进创造力提供理论支持。

1.3.1.2 揭示团队正念与团队成员个体创造力、团队创造力之间的作用机制

本研究从多层次视角打开团队正念对创造力影响的"黑箱"，包括个体层面的团队成员个体创造力和团队层面的团队成员个体创造力的作用影响。因此，基于学者们的研究结果，正念团队具有的特质正是可以促进团队充分考虑和合理处置不同视角的意见，产生新颖而有用的想法，提升团队创造力。本研究从跨层作用考察，团队正念有助于促进团队成员的自我总结、自我学习和自我改进的自我反思过程，将团队成员自我反思作为中介变量，从跨层视角检验团队正念对团队成员个体创造力的作用机制。本研究将团队自省作为中介变

量，从团队层面考察团队自省与团队创造力的作用过程。从新的视角揭示团队正念影响创造力的内在作用机制，为创造力的形成机制提供新的理论视角。

1.3.1.3 揭示不同层次影响团队正念与创造力关系的边界条件

正念作用的发挥取决于工作的复杂性。对于复杂的工作执行者来说，因为微小的错误或丢失的信息可能会严重地破坏整个表现，所以保持警觉的好处远远超过相应的时间成本（Zhang et al.，2013）。本研究认为，在高复杂性的工作中，更能够发挥团队正念的作用，使团队成员保持专注力，不错过任何细节，提高工作效率和提升创造力水平。因此引入工作复杂性作为团队正念对团队成员个体创造力作用的调节机制。另外，以往研究正念与创造力关系的边界条件主要讨论个体层面的因素，少有考虑在团队层面和跨层次模型中研究团队正念与创造力之间关系的边界条件。团队任务的重要性不容忽视，它是团队存在的基础，也是团队交互过程的决定性因素（张钢等，2019）。Baccarini（1996）提出项目任务难度，指出团队任务由许多不同的相互关联的部分组成，项目任务难度是导致项目的突发性和挑战项目管理的要素之间的相互关联（Mikkelsen，2020）。执行难度较高的任务的团队经常被寄予产生新颖而有用的想法的期望，他们被期望具有探索性和创造性（Liu et al.，2021），本研究将任务难度作为团队正念对团队创造力作用的中介机制。因此，考察工作复杂性对团队正念与团队成员个体创造力作用机制的调节效应，考察团队任务难度对团队正念与团队创造力作用机制的调节效应，不仅有助于从新的视角揭示团队正念与创造力关系不同层次的情境因素，还可以进一步丰富多层次创造力理论研究。

1.3.2 实践意义

1.3.2.1 为组织正确认识团队正念对团队的积极作用提供理论参考

正念在管理实践中得到了应用，已有研究对工作场所中正念与创造力之间的关系进行了讨论。团队正念的提出引起了理论界的关注，也是管理实践值得充分认识的概念，并能够理解且得到应用（Yu et al.，2018；倪丹等，2021）。本研究发现，团队正念作为团队认知过程和团队特质，能够有效地促进团队保持高度敏感性，集中精力关注当下问题本身，尽可能不遗漏任何细节，团队成员在互动中共同讨论遇到的问题，各自充分表达自己的观点，相互尊重、相互学习，听取他人的建议，共同商讨问题的解决方案。组织管理者应该认识和理解团队正念的重要性并积极应用到工作场所实践中，尤其是很多项目都是由团队完成的，非常需要有一种能达成共识的团队认知过程和特质以提升团队竞争力。

本研究发现，团队正念会影响团队成员个体创造力和团队创造力。一方面，本研究结论有利于组织认识团队正念的积极特征对团队创造力及团队成员个体创造力的促进作用。另一方面，本研究结论有利于促进组织积极培养团队正念，提升团队专注力，充分发挥团队成员在互动中形成团队学习和思考，提升情绪智力，并用接纳方式对待不同的建议和意见而不加评判地处理，以提升团队创造力和团队成员个体创造力。

1.3.2.2　为组织提升团队成员个体创造力和团队创造力提供理论依据

本研究发现，团队正念的认知过程和特质会影响团队创造力和团队成员个体创造力。一方面，本研究结论有利于组织管理者识别团队正念的积极特征对团队成员个体创造力及团队创造力的促进作用，促使组织管理者尽可能有意识地培养团队正念的认知过程，提升团队成员关注当下的专注力，增进团队成员互动互助的积极性，营造团队成员相互尊重、不加评判的工作氛围，使团队成员在遇到突发事件、市场变化和意外情况时能迅速做出反应，有创新能力来解决问题。

研究结论还强调，团队成员在自我反思和提升个体情绪智力的过程中，能进一步激发个体创造力；团队需要具备团队自省的工作方式和保持积极的团队情绪智力，更加有效地应对市场变化和意外事件，以提升适应性，促进团队创造力。同时，研究影响机制的边界条件、个体层面的工作复杂性和团队层面的任务难度对作用机制的调节能力，也能提高组织设计团队成员个体工作和团队任务时考虑对创造力的作用。以上研究发现为团队正念如何有效提升团队成员个体创造力和团队创造力提供理论参考。

1.4　技术路线与结构安排

1.4.1　技术路线

本研究的技术路线如图1.4所示。

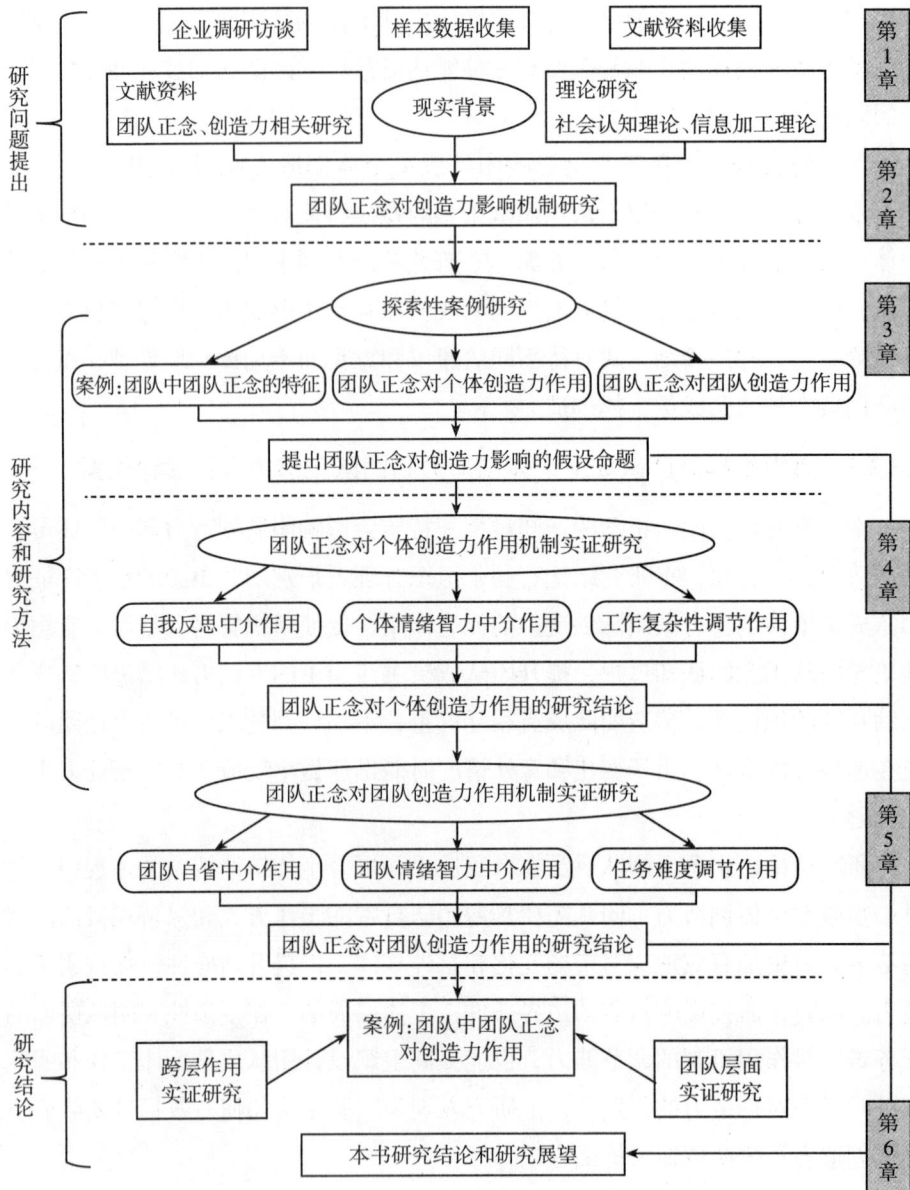

| 第1章 |
| 第2章 |
| 第3章 |
| 第4章 |
| 第5章 |
| 第6章 |

研究问题提出

企业调研访谈　　样本数据收集　　文献资料收集

文献资料
团队正念、创造力相关研究

现实背景

理论研究
社会认知理论、信息加工理论

团队正念对创造力影响机制研究

研究内容和研究方法

探索性案例研究

案例:团队中团队正念的特征　　团队正念对个体创造力作用　　团队正念对团队创造力作用

提出团队正念对创造力影响的假设命题

团队正念对个体创造力作用机制实证研究

自我反思中介作用　　个体情绪智力中介作用　　工作复杂性调节作用

团队正念对个体创造力作用的研究结论

团队正念对团队创造力作用机制实证研究

团队自省中介作用　　团队情绪智力中介作用　　任务难度调节作用

团队正念对团队创造力作用的研究结论

研究结论

跨层作用实证研究　　案例:团队中团队正念对创造力作用　　团队层面实证研究

本书研究结论和研究展望

图1.4　技术路线

1.4.2　结构安排

本研究共包括6章，各章主要内容如下：

第1章：绪论。介绍本研究的现实背景和理论背景，阐述研究问题和研究框架，提出研究的理论意义与现实意义，以及本书的技术路线与结构安排。

第2章：文献回顾与评述。首先对研究的关键变量团队正念、个体创造力与团队创造力、自我反思、团队自省、个体情绪智力、团队情绪智力，以及工作复杂性、任务难度做出较为全面的梳理与归纳，然后对已有研究现状与不足进行分析与讨论。

第3章：团队正念影响创造力的探索性案例研究。本研究基于半结构式访谈，最后选取6个团队的6名主管和14名团队核心成员的访谈情况进行探索性案例分析，全面地了解实际生产实践中团队正念所发挥的作用。在探索性案例研究中发现团队正念能够对团队成员个体创造力和团队创造力发挥作用的机理。在探索性案例分析的基础上，提出本研究假设命题。

第4章：团队正念对个体创造力作用机制研究：工作复杂性的调节作用。研究基于社会信息加工理论，验证团队正念跨层影响团队成员个体创造力作用机理。选取团队成员的年龄、性别、学历、工作年限为控制变量，探讨团队正念与团队成员个体创造力之间的关系，探索团队正念通过团队成员自我反思、个体情绪智力的中介作用对个体创造力产生影响的间接作用，以及在工作复杂性存在差异的情况下，团队正念影响的差异。在此基础上更进一步分析，发现在工作复杂性不同的情况下，团队正念通过自我反思、个体情绪智力的中介作用对团队成员个体创造力的间接作用也存在显著差异。

第5章：团队正念对团队创造力作用机制研究：任务难度的调节作用。研究基于社会认知理论，探讨团队正念对团队创造力的作用机制。选取工作年限、年龄、学历作为控制变量，分析团队正念对团队创造力的影响，探讨团队自省在团队正念与团队创造力之间的中介作用，揭示在不同程度的任务难度下，团队正念影响的差异。在此基础上更进一步分析，发现在不同任务难度下，团队正念通过团队自省的中介作用对团队创造力的间接作用也存在显著差异。但是任务团队对团队正念与团队情绪智力关系的影响不显著，以及团队正念通过团队情绪智力的中介作用对团队创造力的影响也不显著。

第6章：研究结论与研究展望。本章总结全书研究，提出本研究的理论贡献，以及对企业管理的实践启示，最后讨论本研究所存在的局限性以及未来的研究方向。

1.5 主要创新点

1.5.1 将正念对创造力的研究从个体层面拓展到团队层面

本研究提出了正念对创造力的研究从个体层面拓展到团队层面，为创造力研究找到一个新的研究视角。以往主要研究个体正念与创造力的关系（Kabat-Zinn，2005；Good，2016；Langer，2014；Henriksen et al.，2020），少有从跨层次视角和团队层次视角研究团队正念对个体创造力和团队创造力的影响（Oeij et al.，2016；Yu et al.，2018；倪丹等，2021）。本研究分析解释了团队正念的特点，通过案例分析和实证研究结合，更实际、更全面对理论和实践做出贡献。开展探索性案例研究，在访谈基础上构建新的理论框架（Yin，2014），提出假设命题。实证研究法的论证科学可信，且具有普适性。通过案例研究和实证研究，增加对理论和实践的理解性和应用性。从案例研究、跨层次视角、团队层面研究团队正念对创造力的影响机制和边界条件，丰富了团队正念对创造力的影响机制研究。

1.5.2 通过多路径解释团队正念影响多层次创造力的内在过程

本研究提出团队正念认知过程研究的新视角，构建跨层研究模型和团队层研究模型，基于反思和情绪智力视角，在研究路径上有所突破，响应了学者们对正念研究的呼吁（Good，2016；Yu et al.，2018）。在跨层研究中引入自我反思和个体情绪智力作为中介变量，论证团队正念对个体创造力的影响机制。在团队层研究中引入团队自省和团队情绪智力，论证团队正念对团队创造力的影响机制。多路径的研究更全面地解释了团队正念的作用，为组织内团队有效建设和运作提供了实践指导。

1.5.3 拓展团队正念对创造力影响的边界条件的研究视角

本研究探索团队正念对创造力作用的边界条件，基于工作特征视角进行研究，从新的视角来研究团队正念影响创造力的情境要素（Chae et al.，2018；Jafri，2018；Oldham et al.，2016）。在跨层研究中引入工作复杂性为调节变量（Townsend et al.，2002；Vila-Vazquez et al.，2020；李懿等，2018）。通过子研究一发现，团队正念与工作复杂性的交互项对团队成员自我反思、个体情绪智力的影响调节作用正向显著。换言之，在高工作复杂性情况下，团队正念对团队成员自我反思、个体情绪智力的影响作用更强。同时研究发现，工作复杂性具有对团队正念—自我反思—个体创造力、团队正念—个体自我反思—个体创造力两个间接过程的调节作用。在团队层面引入团队任务难度作为调节变量（奉小斌，2012；黄昱方等，2014；Müller et al.，2018）。通过子研究二发现，团队正念与任务难度的交互项对团队自省的影响作用正向显著。换言之，在高水平任务难度下，团队正念对团队自省的影响作用更强，研究进一步分析任务难度对团队正念—团队自省—团队创造力间接过程的调节作用，并得到验证。然而，团队正念与任务难度的交互项对团队情绪智力的影响作用不显著，这为今后的研究提出了新的问题和研究方向。

第2章　文献回顾与评述

2.1　个体创造力与团队创造力研究综述

2.1.1　个体创造力的概念、理论及影响因素

2.1.1.1　个体创造力概念

Guilford在1950年发表了主题为"论创造力"的演讲并进行了研究，得出创造力是知识、智力、能力及个体品质等多因素的综合性本领的结论。之后，研究者们从不同视角对创造力下了定义。

第一，从创造过程角度来看，创造力是以独特的方式看待事物，识别新信息并利用其解决问题的能力；创造力过程包括三个阶段：假设形成、假设检验和交流。有学者将创造性思维过程分为发现事实、发现并定义问题、产生想法或点子、找到解决方案和接受解决方案5个阶段。Basadur和Hamilton（2004）指出，创造力包括持续地发现、解决问题并实施新的解决方案的过程。

第二，从创造结果角度来看，创造力是组织中个体或小型的工作团体所产生的新颖且实用的想法（Amabile，1983），也是在原有知识的基础上进行联结和再排列，一个全新的、令人惊奇的，但有用的想法出现在脑海中（Amabile，1988）。也有的学者把创造定义为既新颖又有用、合适、有价值、令人愉悦或有意义的产品（Sternberg et al.，1991）。组织内员工的个体创造力是员工建议出新的和有用的产品、想法或者程序，这些产品、想法或者程序能够成为可供组织未来发展的可操作的基础（Amabile，1997）。

2.1.1.2　个体创造力研究的相关理论

个体创造力的理论主要有创造力成分理论、创造力内隐理论、创造力投资

理论，以及创造力系统管理理论（邓志华等，2020）。

创造力成分理论。创造力的成分模型包含对创造性表现至关重要的三个成分（Amabile，1983）：一是与领域相关的技能，包括该领域的知识、才能和技术技能；二是与创造力相关的技能、认知风格、工作风格和创造力启发；三是内在任务动机，任务动机是最直接受当前社会环境影响的组成部分，包括对工作的态度和接受任务的看法，它是获得创造力相关技能和领域相关技能的内在决定性因素。

创造力内隐理论。Sternberg（1985）提出创造力内隐理论，并从四个维度对创造力进行解释：一是有想象力、决策能力和灵活性；二是有判断力，有决策的能力；三是有判断力和成就动机；四是有直觉力，善于思考和提出问题。根据不同的研究范式，Spiel 和 Korff（1998）将关于创造力内隐理论的研究分成两类：一类是研究人们对个体和产品的创造性一致性评价；另一类是研究人们对创造性个体的认知，以便更好地理解创造力的本质。运用类似的方法，蔡华俭等人（2001）对中国城市居民创造力内隐理论进行考察，发现创造力的本质主要涉及个体认知和人格两个方面。

创造力投资理论。创造力投资理论由 Sternberg 和 Lubart（1991）提出。他们认为，个体创造力由 6 种既彼此独立又有关联的因素共同作用，包括智力水平、知识构成、思维方式、人格特征、动机状态、外在环境。智力水平是创造力的基础，是个体吸收、重组和输出信息的基本能力；知识构成是个体积累的知识架构和独特经验；思维方式是指个体独特的思维过程，例如，个体倾向于发散或集中，更注重整体或细节；人格特征是指个体具备的有利于激发创造力的人格倾向，比如是否敢于挑战、是否抗风险、意志是否坚强等；动机状态包括内在动机和外在动机，在不同情境下，动机的作用方式也不同；外在环境指的是通过刺激、评价和调节对个体创造力产生的影响作用（邓志华等，2020）。

创造力系统管理理论。创造力系统管理理论由 Csikszentmihalyi（1999）提出。他认为，个体创造力不是单纯地在个人头脑中突然产生的，而是个人的观点、知识、外部社会文化条件相互作用的结果。个体观点由发散性思维、知识的认知构成、内在动机、任务承诺和不确定性容忍度的人格系统构成。一个领域是指一个专业或学科领域，包括专业知识、专业技能和核心价值观，是个体创造力形成的前提和基础。场域反映的是社会资本状况，由代表专业领域水平和能力的具有社会影响力的群体组成，他们掌握前沿的专业知识和权威的专业技能，从事该领域的创造性研究，包括专家、学者和行业资深人士（邓志华等，2020）。可以看出，个体创造力是个体的观点、领域和场域在个体创造力所形成的系统中相互影响的结果。

2.1.1.3 个体创造力的影响因素

1）个体因素对个体创造力的影响

个体层面的影响因素主要包括知识、创造性个体特征、动机、情绪等。

知识，包括经验、知识体系等，是创造性思维加工的基础要素。个体自身知识积累的特征会影响创造性问题解决的过程（汤超颖等，2018），个体可以将新的认知或思维应用到创造性解决问题中（Perry-Smith，2014）。同时，广泛的知识搜寻会用异质的知识元素来丰富现有的知识储备，提升视野，努力发现别人没有察觉的机会，有利于产生新的知识元素组合（Miron-Spektor et al.，2015）。

创造性个体特征，包括认知风格和人格特征。认知风格是个体组织和处理信息的习惯性倾向。Kirton（1976）提出，适应者和革新者属于认知风格的两个层次，对创造性输出的影响不同。研究发现，创造性人格对员工创造力具有显著的预测作用（Zhou et al.，2001）。大五人格理论中的开放性与员工创造力密切相关（Guo et al.，2017），具备开放意识的个体容易产生好奇心，愿意寻找和吸收新的观点和想法，集合各种新的、看似不相关的信息，产生新的认知，提高创造性绩效。

动机，指推动和维持个体某种活动的动力，有内在动机和外在动机。内在动机来自个体对工作任务的态度和对任务意义的感知（Ryan et al.，2000）。外在动机是指外部因素，比如外部奖励或压力所引起的动机，个体感知到外在动机，会对工作的理解和参与度更深，使内在动机与外在动机发生碰撞，产生协同效应，提高个体创造力（汤超颖等，2018）。Baer 等人（2003）研究发现，高复杂性的工作能够激发员工的内在动机，提高员工的创造力。

情绪，是由一定的刺激所产生的一种身体和精神上的兴奋状态，包括主观意识体验、外部行为变化和生理唤醒（De Dreu et al.，2008）。情绪可以分为积极情绪和消极情绪。其中，积极情绪可以提高认知灵活性和发散性思维，有助于创造性地解决问题（Isen et al.，1987）。有趣的是，有学者发现，消极情绪比积极情绪更有利于促进员工创造力（George et al.，2002）。唤醒水平，即情感强度由弱到强的变化。研究证据表明，唤醒情绪能更好地激活大脑边缘系统和促进多巴胺的释放（Tang et al.，2020）。De Dreu等人（2008）在对情绪与创造力关系研究的基础上，提出了一个创造力的双路径模型，认为情绪对创造力的影响是情绪效价与唤醒之间相互作用的结果。

2）领导因素对个体创造力的影响

领导通过自身的特质和行为，激发员工的内在动机，影响员工创造力（Ali et al.，2020；Basadur et al.，2004；Shin et al.，2007；Wang et al.，2021）。不同的领导风格影响的路径机制有所不同。Amabile和Khaire（2008）认为，领导的首要任务是在合适的时间、合适的场合，让正确的人参与创造性工作。当领导者重新塑造员工的角色时，这种敬业感就开始了。员工必须贡献想象力，而不是简单地卷起袖子执行自上而下的战略。开放型领导认为，合作可以不受公司围墙的限制，像维基百科这样的网络组织就有很多创新（Amabile et al.，2008）。例如，变革型领导通过内在动机的中介作用对员工个体创造力产生正向影响（Zhou et al.，2003），授权型领导还可以通过心理赋能以增强团队成员的自我决定意识，从而对团队成员的内在动机和创造力产生积极的影响（Zhang et al.，2014）。研究发现，在领导提供的支持性创新环境中，具有高质量领导–成员交换关系的下属更愿意承担责任和风险，从而产生创新绩效。此外，领导提供绩效反馈的方式和内容也会影响员工创造力（Zhou et al.，2003）。

3）情境因素对个体创造力的影响

任务情境，包括任务目标、任务设计、工作压力。任务目标明确员工的努力方向，即工作所需要的行为和组织的期望。创造性目标有助于引导员工关注产出的创造性，而不仅仅是生产效率的提高（Shalley et al.，2004）。难度较高的目标能激发员工的内在动机，提升创造力水平（Liu et al.，2016）。工作复杂性要求学习和应用所学技能的机会、较高的工作自主权、及时的绩效反馈和任务意义。工作复杂性对员工的认知灵活性提出了更高的要求，促使员工充分拓展和应用现有的知识和技能领域（Ohly et al.，2010），从而激发员工个体创造力和自我效能感（Tierney et al.，2002）。工作压力是个体主观感受与工作环境刺激相互作用的结果（Sacramento et al.，2013）。一定的工作压力会促使员工投入更多的时间和精力学习与完成与任务相关的知识和技能，一定程度上能够促进创造性产出（Khedhaouria et al.，2017；Ohly et al.，2010）。

人际情境，包括团队构成、团队互动、工作支持，以及社会网络。团队构成、团队成员多样性对员工创造力的影响、多元化的团队构成为团队成员提供了不同的知识和视角（Gilson et al.，2013），激发员工联想和发散思维，进而促进新想法的产生。Shin等人（2012）发现，当团队成员具有较强的创造性自我效能感时，团队认知风格的多样性促进团队成员的创造力。团队互动对创造力的影响研究，主要涉及团队沟通、关系支持和团队竞争三个方面（Guo et al.，2017；Zhou et al.，2009）。团队成员向其他成员寻求帮助的行为，有利于从不同成员那里获取和利用知识信息，有利于提高创造性解决问题的能力（Mueller et al.，2011）。也有研究提出，团队竞争可以提高员工内在任务动机，促进员工创造力，而当员工将内部竞争视为一种威胁时，这不利于员工的内在动机和创造力（张永军等，2021）。

2.1.2 团队创造力的概念、理论及影响因素

2.1.2.1 团队创造力的概念

学界已达成共识，团队成员的个体创造力是团队创造力的源头，但团队创造力不是团队成员个体创造力的简单总和（Miron-Spektor et al.，2015），而是通过团队成员与有效团队互动过程，有效转化，使团队成员个体创造力成为团队创造力（Amabile，1997）。

团队互动产生创造性的知识，团队为个人提供创造性环境，理解团队成员依赖团队互动而不仅仅依靠个人努力来解决问题，认识这一点很重要（Aggarwal et al.，2019；Barczak et al.，2010）。学者们认为，与组织为个人提供创造性环境相比，群体层面的激励性对组织创造力的影响更大（Chen et al.，2020；Chompunuch et al.，2019）。认知产生于人际交往中，有学者主张将个体作为团队创造力的基础，直接探讨团队层面本身复杂的社会互动过程（Amabile et al.，2009；Drazin et al.，1999）。Guo等人（2020）认为，团队创造力是团队经过准备、创新聚焦、发散性思考（创造选择）、孵化和收敛性思考（选择）的创意产生过程。也有不少学者就团队气氛对团队创造力的影响做了大量研究（Amabile et al.，2009；Caniëls et al.，2015；Mascia et al.，2012；Miron-Spektor et al.，2015）。学者们又从领导视角分析领导风格对团队创造力的影响（Ali et al.，2020；Amabile et al.，2008；Liu et al.，2017；Rong et al.，

2019）。

因此，团队创造力是一个综合性概念，是在外部需求影响下，通过团队过程、团队任务特征和团队知识背景、团队多元化和技能，转化为创造性产品、服务、工艺流程或工作方式的过程（West，2002）。团队创造力的内涵是将所有成员的知识和能力以组织的方式进行整合，发挥协同效应的整体特征（王黎萤等，2010），它是成员间知识和技能共享、交叉和整合的重要手段，以发挥更大的知识协同和组合优势，达到个体单独工作无法达到的创新效能。

2.1.2.2　团队创造力研究的相关理论

团队创造力研究的相关理论主要集中在交互作用理论和团队氛围理论。

团队交互作用理论。Woodman 等人（1993）提出创造力研究的互动理论，强调创造力是个体与其环境相互作用的结果，这种相互作用不仅可以发生在个人层面，还可以发生在团队层面，甚至发生在组织层面。在个体层面，个体创造力受到个体认知风格、能力、个性、相关知识、动机、外部刺激和环境因素的影响；在团队层面，团队创造力是个体创造力行为、团队规范、团队特征、团队过程、团队情境组织文化、薪酬等因素相互作用的结果；组织层面的创造力来自个体和团队创造力、组织战略、组织文化等的相互作用。

团队氛围理论。West 和 Jackson（1990）指出，影响团队创新氛围因素包括愿景（vision）、参与安全（participative safety）、任务取向（task orientation）和创新支持（support for innovation）四种。愿景是团队达成共识的目标，团队对目标具有理解的一致性，愿景激励着团队成员不断努力工作。参与安全是指参与决策和团队内安全，是团队成员参与团队决策和分享自己所拥有信息的程度，团队内安全是团队成员在团队中感受到的心理安全感，彼此信任和相互支持。任务取向可以激发个体的内在动机，是创造力提升的重要影响因素。创新支持是指将新的、改进的工作方式引入工作环境的支持措施。支持创新的个体或团队更加开放，对创新失败的容忍度更高（沙开庆等，2015）。

2.1.2.3　团队创造力的影响因素

1）团队成员的个人因素对团队创造力的影响

团队创造力的形成受个体因素的影响，这些因素包括团队成员的认知风格、性格、知识背景、内外动机、情绪智力等（刘璇等，2016；Leung et al.，2020）。团队力是个体、环境、团队等因素之间交互影响产生的结果（Chompunuch et al.，2019；余吟吟等，2014）。

2）团队属性对团队创造力的影响

团队构成。Anderson 等人（2014）指出，团队构成包括人口统计学特征、成员变动、成员特征等因素，会对团队创造力产生影响。关于团队异质性对团队创造力的影响，有两种不同的观点。一方面，异质性团队在知识、技术和能力呈现多样性，为团队问题的解决提供了不同的视角，对团队创造力有促进作用（Kurtzberg，2005；Perry-Smith et al.，2017）；另一方面，团队异质性会降低团队的凝聚力，不利于团队合作，导致团队内部关系冲突（Chen et al.，2020），无法促进团队创造力。有学者总结以上两种观点，认为团队成员构成的多元化在变革型领导下可以促进团队创造力的提升（Shin et al.，2007）。

团队任务。团队任务主要聚焦于团队任务的相互依赖性、团队任务的难度以及团队任务可变性三个方面。团队任务的完成需要团队成员的配合，任务的相互依赖性体现在团队成员任务间的相关性，增强了团队成员之间的联系；任务相互依赖可以促进团队的沟通和合作，从而对团队创造力产生积极的影响（Vidyarthi et al.，2014）。任务难度对团队成员的知识技能水平、认知能力有不同的要求，对团队创造力产生影响（吴佳敏，2019）。任务可变性对团队成员的适应性有不同要求，在面对不确定性时，鼓励团队成员积极应对，从而提高团队创造力（Ashill et al.，2010）。

团队过程。团队过程包括团队互动、团队氛围等。研究结果表明，拥有共同目标和相互信任的团队，成员间更愿意分享和交流新想法和观点，团队创造力更高（余吟吟等，2014）。团队氛围虽然不直接影响创造性，但是可以作为一种重要的环境因素（郑凯等，2016）。组织营造鼓励创新、开放对话、自由平等、追求卓越的团队氛围，这种氛围是促进团队创造力良好的环境基础（Martins et al.，2003）。积极的团队情感氛围促进团队自省和团队促进，进而提升团队创造力（Shin，2014）。

3）团队领导对团队创造力的影响

学者们具体研究了各种不同类型的特质领导对团队创造力的影响。例如，罗瑾琏等人（2014）的研究结果表明，魅力型领导作为一种非常有效的领导行为，可以促使团队突破现有秩序的框架，增强团队凝聚力，采用独特的方式实现宏大的目标，有助于提高团队创造力（Jaussi et al.，2003）。赵红丹和刘微微（2018）认为，教练型领导通过双重学习的中介作用增强对团队创造力的正向影响，权威型领导对团队工作绩效产生正向影响（Lyubovnikova et al.，2017），谦逊型领导对团队创造力产生积极影响（Chen et al.，2021）；张钢等人（2018）采用案例研究方法研究了领导力分布对团队创造力的影响，认为较强的正式领导力和较强的非正式领导力的组合方式更能促进团队内部的知识分享，更有助于团队创造力的产生（Small et al.，2010）。此外，有学者发现，领导跨界行为通过为团队提供创新资源与支持进而提升团队创造力（余义勇等，2020），领导力期望会对团队创造力产生影响（刘伟国等，2018）。

2.2　正念与团队正念研究综述

2.2.1　正念的概念及相关研究

2.2.1.1　正念的概念

"活在当下"是自古至今的一条建议，在各个时代都得到了关注和重视，是正念在现实中应用的核心内容所在（Sutcliffe et al.，2016）。例如，谷歌、通用磨坊、著名的新闻节目等都在广泛采用正念的训练和发展项目，以促进个体、团队、组织各层面的绩效提升。有研究结果表明，社会科学中关于正念的研究正在不断推进正念在组织管理中的应用并发挥积极有效的作用（Jackson，2018；Reb，2015）。在工作场所，正念与一些重要的因素相关，比如增强心理和身体健康（Brown et al.，2007）、提高标准化考试成绩（Mrazek et al.，2013）。研究结果表明，个人的正念与员工的工作投入（Leroy et al.，2013）和工作绩效（Dane，2010；Malinowski et al.，2015）等结果正相关，这表明正念对组织的绩效有贡献。

组织心理学和组织行为学领域中，正念的概念有不同的界定，但个体正念的内核是趋同的。表 2.1 中呈现出从组织和心理学发表的文章中挑选出来的定义，包括定义的描述，以及相关作者在定义中的引用。

这些定义的共同之处在于，正念是一种特定的意识状况，即个体将注意力集中在当下事件的状态。例如，Zhang 和 Wu（2014）将正念定义为"一种专注于当下的意识和注意力的精神状态"。类似地，正念被描述为"一种意识状态，在这种状态中，注意力集中于发生在外部和内部的当下现象上"（Dane，

2010)。将正念定义为专注于当下的意识状态，符合对这一概念的历史观点，也符合认知和社会心理学对这一主题的研究（Brown et al.，2003；Brown et al.，2007；Mrazek et al.，2013）。

　　其中，Langer 的研究将正念定义为一种活跃的精神状态：① 处于当前；② 对语境和观点敏感；③ 受规则和惯例指导（而不是控制）（Langer，2014；Langer，1989）。Langer 的正念观更直接地与创造性思维联系在一起。在国内，多数学者将"Mindfulness"翻译为"正念"，也有的将其翻译为"专注力"、"觉知"或"心智觉知"等词语。Kabat-Zinn（2005）认为，正念是"专注当下的一种有目的且不加判断的方式"，这个描述性定义被广泛接受（郑晓明等，2018）。

表2.1　个体正念的定义

文献出处	个体正念的概念
Baas et al.，2014	活在当下而产生的有意识的意识状态（Brown et al.，2003；Kabat-Zinn，1994）
Carlson，2013	关注一个人当前的经历，并对该经历进行非评价性的观察（Bishop et al.，2004）
Creswell et al.，2014	用接受来监控当下的经历
Dane，2010	一种意识状态，在这种状态中，注意力集中于发生在外部和内部的当下现象上
Eisenbeiss et al.，2015	元认知能力被定义为"关注和意识到当前发生的事情的一种状态"（Brown et al.，2003），包括有意识的感知和外部刺激的处理，与自动倾向相反
Hilsheger et al.，2013	一种对每时每刻经历的非判断性关注和意识的状态（Bishop et al.，2004；Brown et al.，2003）
Hulsheger et al.，2014	一种意识状态，在这种意识状态下，个人以一种接受和非评判的态度关注当前时刻（Brown et al.，2007）
Langer，2014	一种以新颖的区分图为特征的积极的思维状态，这种状态导致：① 处于当前；② 对环境和观点敏感；③ 受规则和惯例指导（而不是控制）
Leroy et al.，2013	对外部（如声音）和内部（如情感）的"当下"状态、事件和经历的接受性注意和意识（Brown & Ryan，2003；Dane，2011）
Niemiec et al.，2010	一种接受心理状态，在这种状态下，通过对当前经验的认识，只关注正在发生的事情
Reb et al.，2014	以观察、不判断的立场感知当下（Bishop et al.，2004；Brown et al.，2007；Mikulas，2011）
Schweitzer，2010	一个人的意识，包括内在的（对自己思想的意识）和外在的（对环境中正在发生的事情的意识）

表2.1（续）

文献出处	个体正念的概念
Zhang et al.，2013	以现在为中心的意识和注意(在场因素)，以开放的态度对待正在发生的事件和经历(接受因素)(Bishop et al.，2004)
Zhang et al.，2014	一种专注于当下的意识和注意力的精神状态(Bishop et al.，2004；Brown et al.，2007；Langer，1989)

2.2.1.2　与正念相关的概念

1）注意力

研究者们认为，正念对人体机能的影响主要通过注意力实现。正念能够在一定程度上改善个体注意力的质量，包括稳定性、控制力和注意效率（Mendonca et al.，2018；Geisler et al.，2018；张静等，2017）。正念提升注意力的控制，降低与任务无关的思考与活动，因此使得注意力更有效率（Achor et al.，2015）。总之，正念可以帮助个人持续而不是盲目地专注于当前的目标，更好地控制注意力，从一系列潜在目标中做出选择，以及更好地提升注意力效率，如关注资源的经济应用和分配（Baas et al.，2020）。在工作场所，正念通过注意力的改善和思考的专注力以提升组织绩效（Good et al.，2016）。

2）冥想

冥想是一种有助于改善个体心理过程的训练形式。一个人的正念水平可以通过冥想来提高，但正念不一定通过冥想达到（Brown et al.，2003）。相对来说，冥想涉及更多宗教文化色彩（Reb，2015），但正念更加适应世俗。此外，冥想包含两种类型的训练，即正念和集中注意力，后者强调注意一件事，而正念不仅强调注意一个单一的对象，还包括体验意识（Cassone，2015）。因此，正念冥想是冥想的一种具体形式（郑晓明等，2018）。

3）情绪智力

正念和情绪智力都是个体对情绪的调节，通过这种调节，个体以更适应的方式处理当前的事件和问题。Schutte 和 Malouff（2011）的研究结果表明，正念可以提高一个人的情绪智力，不限于情绪，包括个体对内部和外部环境的关注和体验。正念是个体在感知事物的过程中，排除自己的评估和判断，但不要求个体压抑任何情绪或感觉，允许不加评判地接纳事物，这与情绪智力中的情绪控制不同（倪丹等，2018）。

2.2.1.3 正念的相关研究

正念包括"关注当下正在发生的事情，不加判断或评价地观察刺激，不赋予意义"（Yu et al.，2018；Zivnuska et al.，2016）。正念因此有两个基本维度：①注意和意识到当下所感知的事物；②接受性、开放性和非判断性体验加工（Brown et al.，2003；Good et al.，2016）。

第一个维度涉及"持续的、集中的注意力，以清楚地感知当下正在发生的事情"（Shapiro et al.，2006）。"当下"指的是现在正在发生的，而不是未来的问题和要求或过去的经验（Leroy et al.，2013）。"持续的、集中的注意力"意味着正念包括有目的地集中注意力（Dierynck et al.，2017；Lyddy et al.，2021）。例如，一个人可能意识到自己在吃，但并没有有意识地让自己意识到对吃的感觉，或者在自己走神的时候主动地把注意力带回当前吃的状态上。就是要把注意力集中在持续地转移到观察的目标上。在正念状态中，当出现思维分散时，注意力会被坚定地带回原来的目标重点。觉知是一个人有意识地了解内部和外部状况，包括身体内部的感觉、思想和情感，以及外部事件（Brown et al.，2003）。一个具有正念的人密切地意识到自己的认知过程，因此对偏见的本质有一个精准的把握（张静等，2017）。Weick 和 Jossey-Bass（2001）提出，全神贯注于失败，就是设法处理不利于任务完成的条件，并把它们转化为改进的基础（Weick et al.，1999），分析失败的原因和结果。保持持续的注意力是很重要的。时刻注意内部和外部发生的事情（Baer et al.，2003；Good et al.，2016），相反的状态是思维被过去或未来占据。当注意到当下有疑惑或新的发现时，持续的行为与注意力同时发生，人们将利用智慧和谨慎思考开展行动（Weick et al.，1993；Weick et al.，2006）。

第二个维度是接受性、开放性和非判断性体验加工。这个维度反映了佛教中正念的起源，即正念不仅是一种专注过程，而且是一种开放的好奇心和善良、慈悲的意图（Weick et al.，2006）。经验加工处理的是"观察到的事实，没有立即的判断或标记"（Good et al.，2016），涉及思维主导的分类、标记、评价、做出积极或消极归因、假设含义（Weick et al.，2006）。例如，一名司机驾车正常行驶，被一辆快速变换车道的汽车挡住去路。概念处理包括对行为（如不符合规则的举动）进行标识，对司机（如不称职的司机）进行分类，并预测其含义，如他一定有很多违反交通规则的行为。相反，经验处理只需要简单地注意到行为并让它过去，而不需要自发地评估、分析或反思它发生的原因。对事件不加判断，不主观评判事物的好与坏、重要与不重要（Baas et al.，2020）。具有正念的个体，拥有开放的灵活的思维加工，不加评判地接纳多重内容和信息。

2.2.2 团队正念的概念、形成及相关研究

2.2.2.1 团队正念的提出

通过组织和多层次的深入研究发现，把正念嵌入组织环境的各个方面，正念有力地影响着组织的运作，包括正念在组织管理中如何被触发，以及正念如何与个人和组织的结果相联系。为了着重关注正念与组织不同层面的关联，Morgeson 和 Hofmann（1999）提出了"集体正念"的概念，认为集体正念是通过自下而上的团队或组织的社会行动和互动过程来实现的（Bigley et al.，2001）。由此可见，集体正念以其独有的特征扩大与常规思维的差别，即集体意识中的注意力集中发生在意外事件上，这些意外事件是预测和发现集体正念的基础（Weick et al.，1999）。

Weick 等人（1999）将"集体正念"引入组织心理学和组织行为学，并建立了规范的概念。他们认为，集体正念包括 5 个在组织层面相互关联的过程：关注失败，不愿意简化解释，对操作敏感，灵活的承诺，非结构化的组织（Weick et al.，2001；Weick et al.，2006；Weick et al.，1999）。对失败的关注是对失败可能性的积极考虑和持续的警惕，将任何失败或接近失败视为潜在的更大问题的序曲（LaPorte et al.，1991）。不愿意简化解释意味着积极质疑已有的学识和操作的假设，以便更好地发现盲点（Schulman，1993）。对操作的敏感性意味着创建和维护对当前事物的综合理解（Weick et al.，1999）。富有弹性的承诺包括提高员工和组织的适应性、临时的变化和学习能力，以便更好地从意外事件中得以恢复情绪、战斗力等。不指定的组织结构是指通过制造有组织的无政府状态来获得灵活性，问题、解决方案、决策者和选择机会在组织结构系统中相对独立，没有结构上的限制，解决方案与问题联系在一起，决策者与选择机会联系在一起（Weick et al.，1999）。

"集体正念"的出现给组织管理的研究提出了新的思路，学者们开始思考集体正念在组织管理中是否会对创造力产生影响，同时也产生了不同的观点。

组织中的集体正念并不被视为心理内过程，甚至也不是心理内过程的集合。相反，集体正念是社会实践的一种功能，包括行动（Weick et al.，1993）和沟通（Cooren，2016）。换句话说，集体正念是一种参与日常社会组织过程的方式，这种社会组织过程将注意力集中在对自身环境详细的理解以及干扰这种理解的因素上（Vogus et al.，2012）。

1989年，美国国家篮球协会（National Basketball Association，NBA）教练菲尔·杰克逊（Phil Jackson）将集体正念引入芝加哥公牛队。尽管包括超级巨星迈克尔·乔丹在内的许多球员都对此表示怀疑，但杰克逊仍然坚持用集体正念来帮助球队建设，缓解紧张局势，并最终团结球队成员。之后，团队中的正念超越了体育领域的其他各种各样的组织，如谷歌、Aetna、LinkedIn和Ford，这些组织都使用正念来实现更高效的团队（Gelles，2015）。Yu 和Zellmer-Bruhn（2018）引入团队正念的概念，认为团队正念是团队成员的一种认知过程，团队互动的特征是对当前事件的意识和关注，以及对团队内部体验的体验性、非评判性处理。这种共享团队认知是通过团队互动产生的（Van Knippenberg et al.，2013）。本研究认为，团队正念是团队成员之间共享的一种感知，即他们的互动以当前的集中注意力和意识为代表，并以团队经验、非评判性的处理为代表。团队正念的产生是由于团队成员对他们的互动产生了类似的感知（Carter et al.，2015）。团队正念是一种来团队经验的共享单元属性（Schulte et al.，2018），应将其与个体正念区分开来。个体正念和组织的正念都包括相同的两个基本内容维度，即当前的专注力和经验处理，但它们的结构和组成是不同的（Morgeson et al.，1999）。

个体正念是内在的，被认为是一种特质、一种状态或一种实践（Brown et al.，2003；Reb，2015）。实践观将正念等同于冥想（Davidson et al.，2015），而特质论和状态论都认为个体正念是一种心理素质，将心理视为认知和知觉过程的集合（Carson et al.，2006；Weick et al.，2006）。在个体正念中，"作用单位"是个体（Morgeson et al.，1999），与能力、人格或效能等类似的个体心理构念一样，正念不能直接观察到，它必须从行为中推断出来。个体正念的状态和特质通常是从自我报告中推断出来的（Davidson，2010）。在Yu 和Zellmer-Bruhn（2018）团队正念建构的研究中遵循"心智品质"的观点，团队正念是团队层面的属性，不是个体正念的集合，它是一种团队成员通过团队中的经验来发展的认知状态（Mathieu et al.，2000）。紧急状态和过程是相关的，因为紧急状态是团队交互的产物，并影响后续交互（Marks et al.，2000；Van Knippenberg et al.，2013）。在团队中，"mind"是一种人际关系（Vogus et al.，2012；Weick et al.，1993），是团队成员之间互动的集体认知过程。当团队交互时，成员观察、体验并了解团队如何处理其任务，以及哪些行为是可接受的（Shin et al.，2012）。在团队中，成员如果感觉到活动和交流偏离了任务，就会保持专注并重新开展团队沟通，讨论的重点是探索事实、想法和选择，成员之间避免对他人的想法或感受做出冲动的判断（Cleirigh et al.，2015），团队正念即来自团队互动，是团队的一种认知过程。

2.2.2.2 团队正念的形成

集体行动涉及团队内的相互调整（Cooren，2016），随着时间的推移，相互依赖的交互周期减少了团队内部的可变性，交互模式变得更加常规化（Yu et al.，2018），这种模式互动的共享经验有利于团队正念的产生（Van Knippenberg et al.，2013）。团队专注力越高，在随后的团队互动中，团队注意力越集中，体验性、非判断性处理也就越强。

一项关于工作场所正念的研究，将团队正念与团队所处情境相结合，认为团队正念是团队成员以一种非评判性的方式关注团队经验及其团队目标、任务、角色和团队结构的过程（Rupprecht et al.，2019），这样可以使团队成员对团队的动态变化更加敏感，对团队流程的适应能力更强，保证团队的有效运作（诸彦含等，2020）。关于团队自省的相关研究结果表明，通过对目标、绩效、过程、氛围和问题的持续集体意识，团队能够更好地确保有效的团队运作（Shin et al.，2017）。因此，团队正念不同于个人正念，但可能通过个人正念练习得到增强。例如，如果有高水平的个人正念，就有可能通过培训，鼓励团队成员发展和保持对关键团队元素的意识。对团队（和组织）运作的这些核心组成部分的持续关注将增加团队和组织效率的可能性（Rupprecht et al.，2019）。不同学者对团队正念的理解详见表2.2。

表2.2 集体正念的定义

文献来源	集体正念的概念
Ausserhofer et al.,2013	为了在危险的环境中保持警惕，一线员工经常考虑5个原则：跟踪小故障、抵制过度简化、对操作保持敏感、保持弹性能力，以及利用专业技能转移到不同事项

表2.2（续）

文献来源	集体正念的概念
Barry et al.,2010	群体和个人敏锐地意识到重要细节的能力，注意到正在发生的错误，并拥有共同的专业知识和根据他们注意到的细节采取行动的自由
Carlo et al.,2012	一种提高组织可靠性和减轻意外不利结果的潜在手段，即所谓黑天鹅事件（Taleb,2007），其特征是5种正念行为，包括从失败中不断学习和考虑替代观点的意愿
Hales et al.,2012	在组织环境中，一个人对围绕他（她）的工作或任务的活动保持一定的警觉性，并意识到他（她）如何在为顾客提供商品或服务的整个过程中做出贡献
Hargadon et al.,2006	描述个人分配给特定任务或互动的注意力和努力的程度，通过团队成员对正在进行的经验的正念解释和正念地产生适当的行动，团队认知将个人的想法和经验联系起来，重新定义和解决新出现情况的需求
Hoy et al.,2006	团队中，对错误念念不忘，不愿简化，对日常操作敏感，适应能力强，尊重专业知识
Knox et al.,1999	积极地、持续地质疑假设；促进有秩序地挑战操作惯例和做法，使过去成功的经验不会常规到安全退化的地步；"外部观点"通过对常规的多学科审查和对异常情况的汇报积极地请求或创建，以防止异常的正常化
Mu et al.,2009	一种提高对期望的意识状态，一种对特定环境的细致入微的欣赏，以及在面对新的和前所未有的情况时对潜在的重大变化的警觉；考虑具体的组织情况，而不随波逐流
Ndubisi,2012	促进个人和团队正念的系统和过程；一种工作方式，其特点是关注当前，关注操作细节，愿意考虑不同的观点，并对调查和理解失败感兴趣
Ray et al.,2011	被一些人称为"组织正念"，这个概念最初是用来描述高可靠性组织如何避免灾难性错误的（Weick Sutcliffe,2001），但现在越来越多地用来描述那些密切关注周围发生的事情、拒绝"自动驾驶"的组织；"有意识的"组织"引起对歧视性细节的充分意识和行动能力"（Weick et al.,1999）
Valorinta,2009	正念是指使组织对环境保持敏感的过程，对新信息保持开放和好奇，并能够有效地、迅速地和灵活地控制和管理意外事件
Wilson et al.,2011	对现有期望的不断审视基于更新的经验意愿，创造新的期望的能力基于更新的经验，意愿和能力创造新的期望，使前所未有的事件有意义。更细致地评价环境和处理环境的方法，识别环境的新维度，以提高远见和当前的功能（Weick Sutcliffe,2001）

表2.2（续）

文献来源	集体正念的概念
Barrett et al., 2006；Vogus et al., 2007； Vogus et al., 2003； Vogus et al., 2014； Weick, 2005； Weick et al., 2003	所有这些都使用了团队正念的分类和Weick等人（1999）的定义，以及之后Weick和Sutcliffe（2001, 2007）的修改；其他研究，如LaPorte et al.（1991）对失败的专注、对运营的敏感性、对恢复力的承诺和对专业知识的尊重，Roberts等人（1994）以及Schulman（1993）不愿简化的解释

2.2.2.3 团队正念的概念

基于现有的研究，团队正念至少应该包含两个基本要素（诸彦含等，2020）：一是团队成员注意力和意识到当前感知到的经验，即团队成员有目的地调整焦点（Dierynck et al., 2017），以持续地、清晰地感知当下正在发生的现象（Shapiro et al., 2006）；二是接受当前感知到的事物，持开放的态度，以及非评判的处理（Davidson et al., 2015；Good et al., 2016）。团队正念是一个团队层面的过程，在成员相互参与讨论的过程中，使他们的行动与其他团队成员的行动一致，并形成共享的心理模式（Weick et al., 1993）。

团队正念是个体行为的结果，而不是个体行为的总和。团队正念是一种团队认知过程，是由复杂连接和相互依赖组成的整体（Carlo et al., 2012）。Curtis等人（2017）指出，团队正念是团队成员仔细周全地与其他成员分享信息，借鉴他人的新信息，形成共享心智模型的一组行为。团队正念在组织中通过团队成员共有的三个相互关联的行为表现出来：贡献、协调和表现（Curtis et al., 2017）。贡献是指团队成员完成个人任务，为团队带来积极的结果；协调是指将这些个人行动与其他团队成员有关的活动联系起来；表现是指识别其他团队成员行动之间的关系，以便开发任务和团队的共享心理模型（Weick et al., 1993；Curtis et al., 2017）。

Gibson（2001）将团队在集体信息加工中的认知过程归纳为四个阶段：积累、互动、检验和适应。由此，本书认为，团队正念的形成过程包括：信息输入—信息意识—识别信息不加评判—接纳信息并共享信念（诸彦含等，2020）。首先，团队正念的形成即信息输入来自团队内部和团队外部的信息刺激，团队内部如团队目标、任务、角色和结构，团队外部如组织环境、氛围。这些信息在团队成员之间共享，共享程度取决于团队成员之间的交互程度。其次，信息意识是团队成员有意识地感知信息，保持持续的、集中的注意力，清晰地感知当下正在发生的事情（Shapiro et al.，2006），感知信息，注意团队经验以及目标、任务、角色、结构等相关信息（Rupprecht et al.，2019；诸彦含等，2020）。再次，在识别信息不加评判阶段，团队成员放弃已有的认知和价值判断，保持客观的态度对信息进行识别，并以接受、开放、非评判的方式处理（Davidson et al.，2015；Sutcliffe et al.，2016），关注内部或外部信息本身，并在意识到这些信息时进行处理（Good et al.，2016）。最后，通过互动接纳信息并产生共同的信念，团队成员以积极开放的态度接受当前的信息，并通过互动产生团队认知（吕洁等，2013），团队正念源于团队成员对当前时刻的意识和专注，以及他们在团队内部对经验的非评判性处理（Yu et al.，2018；Weick et al.，1999）。

2.2.2.4　团队正念的相关研究

先前有研究结果表明，在组织工作场所，员工的正念与工作绩效有关（Ngo et al.，2020）。由正念带来的积极情绪的增强会影响与创造力相关的认知过程（Ngo et al.，2020）。一个处于正念状态的人可以发展更高水平的创造力，从而产生频繁的创新思想和想法，共同和自我创造新实践的员工能够更有效地完成分配给他们的任务（Ostafin et al.，2012）。正念对创造力的影响仍在不断研究中。正念是指对当下的一种意识，以感官和精神体验获得对一件事情的洞见，提出新的想法和解决办法，希望通过学习相关技能来提高组织管理者和员工的正念水平，提高个人或团队正念水平，增强员工的创造力，避免精神疲劳（Ngo et al.，2020）。

对于集体层面的正念，Weick等人（1999）指出，在持续变化的环境中，集体正念通过构建一套基于意外失败或事件的意识和分类以及对变化的弹性和适应能力的内部管理实践和流程，帮助组织成为高可靠性的组织。根据Sutcliffe等人（2016）对集体正念的文献综述，Hales等人（2012）将集体正念定义为"在组织背景下，一个人对围绕他（她）的工作或任务的活动保持一定的警觉性，并意识到他（她）如何在为顾客提供良好服务的整个过程中做出贡献"。Ndubisi（2012）认为，集体正念是指"促进个人和集体正念的系统和过程；这种工作方式的特点是关注当前，关注操作细节，愿意考虑不同的视角，并对调查和理解失败感兴趣"。根据Wu和Chen（2019）所述，集体正念构成了心态和能力，以实现正念意识和弹性的变化，并强调不同的观点和从失败中学习。

在正念对创造力影响的研究中，徐一心和徐琪（2016）提出，随着正念的日益流行，正念对不同群体的创造力的影响必将受到越来越多的关注。本研究认定团队正念是集体正念在团队层面的理解，团队正念假设一个团队必须能够观察一个正在进行的事件在未来将如何发展，对该事件做出决定，并根据其专业知识和事件的发展情况调整决定。因此，本书引入"团队正念"的概念和对组织管理的影响，深入剖析和挖掘"团队正念"对团队创造力和个体创造力的作用机制，团队正念对创造力多层次的研究是对现有理论的补充。团队正念是团队成员之间共享的心理模型的同义词，团队成员专注于持续学习，同时准确地描述当下事件和问题的真实情况，从而增强团队活力（Good et al.，2016）。鼓励团队成员表达自我见解，使其能够做出决定，并在必要时根据其专业知识做出改变，以提升团队创造力。

2.3 自我反思与团队自省研究综述

2.3.1 自我反思的概念及相关研究

2.3.1.1 自我反思的概念

近些年，自我反思一直是心理学领域和管理学领域研究者感兴趣的话题（Grant et al.，2002；Harrington et al.，2011；Damen et al.，2016；Wang et al.，2020；王智宁，2018）。Dewey（1933）将自我反思定义为对信仰和知识的理由以及得到的结论进行积极、持久和仔细的思考。Boyd 和 Fales（1983）认为，自我反思是自我内部检查和探索由体验引发的关注问题的过程，该体验创造并澄清了自我的意义，并导致概念视角的改变。Daudelin（1996）指出，自我反思可以加强一个人的经验意识，并带来必要的改变。Grant 等人（2002）认为，自我反思是对个体的思想、行为、结果和情感进行审视和评价，通过对特定目标的自我调节，形成对自我的清晰认识和有效提升（王智宁等，2018）。也有人把自我反思理解为智力活动（Wang et al.，2020），如与同伴交往、考虑替代、从不同角度思考和通过类推来理解（Jordan et al.，2009）。自我反思使学习者从一种经验转移到另一种经验，从而使学习具有连续性和确保个人的成功（Rodgers，2002）。无论研究者试图以何种方式定义

"反思"，都得出了相同的结论，自我反思是学习者对学习体验的一种反应形式。

2.3.1.2　自我反思的相关研究

自我反思是个体对自己的效能、思想和行动的合理性、所追求意义进行反思，然后做出必要的修正（Bandura，1986）。通过不断的自我反思，个体在处理新的问题时能够灵活地思考和行动（Hong et al.，2011）。社会认知理论认为，个体的知识、创造力和表现等发展受到个体认知和环境的影响（Bandura，1986）。正所谓"思想有多远，我们就能走多远"，个体认知很大程度上影响个体的发展，如个体的热情、知识和创造力的提高。作为个体认知的核心要素之一，自我反思使个体能够识别正确的问题，产生各种想法，并使用适当的标准来评估和完善这些想法（Zhou et al.，2003）。因此，Wang 等人（2019）认为，自我反思可能有助于个人获得与创造力相关的知识、技能和能力，从而促进创造力发展。

个体反思是个体通过重新思考自己特定的工作过程来获取知识并产生新的想法（Wang et al.，2019），也有研究将个体反思定义为个体定期回顾其工作目标和方法的程度，因为反思性通常指的是批判性的反思，通过这种反思，个体检查和质疑其基本假设或根深蒂固的价值观（Matsuo，2018）。

Kolb（1984）提出的经验学习模型认为，对工作经验的反思是通过经验获得知识和技能的必要步骤，是员工成长的一部分。触发事件，如迷失方向的困境，可以导致个体参与批判性反思。此类触发事件可能包括任何形式的工作偶然性或决策过程中的困境（Matsuo，2018）。反思为员工提供了灵活性，使他们能够采用创新方法，尤其是在任务不熟悉或不明确的情况下。例如，Kolb（1984）提出的经验学习理论认为，对经验的反思是获得新知识和技能的重要一步，个人反思通过从经验中汲取教训、解决问题和改变一个人的参照系来促进创造力。

2.3.2　团队自省的概念及相关研究

2.3.2.1　团队自省的概念

团队成员在努力协调、加强关系和整合思路时遇到障碍，团队需要识别挫折，并制订和实施解决方案，West（1996）将这种团队管理方式称为内省、集体反思，并将其定义为团队成员调整团队目标、战略和过程的程度，目的是使团队适应当前或预期的环境变化，了解他们如何一起工作，制订并实施改进计划。团队自省的完整过程包括反思、计划和行动三个基本步骤，其中团队反思是最重要的部分。团队自省描述了团队在面对复杂和不可预测的环境时，通过策略和行为进行思考，并调整其功能的程度（Konradt et al., 2016）。团队自省是团队培养解决问题能力所需要的过程（Tjosvold et al., 2004）。此外，不同领域的学者从团队学习能力、创新等不同角度进行了解读。例如，Edmondson（1999）从团队学习能力的角度，认为反思活动引发的团队自省、讨论和行动是提升团队学习能力的重要因素。从团队创新的视角，Tjosvold 等人（2004）证明团队自省是团队之间信息频繁交流的增强，对创新有显著的促进作用。团队自省也被定义为一种倾向，即努力实现对世界的全面和丰富的了解，包括团队任务或即时决策问题，团队自省影响团队成员的认知动机，从而鼓励自由坦诚的信息交流和整合（Kim et al., 2016）。

2.3.2.2　团队自省的相关研究

自省性被期望帮助团队了解他们的实际工作，并发展新的理解和方法，以应对出现的条件和挑战（Carter et al., 1998），团队自省可以让团队保持专注和高效，但培养成功反思的信心和能力是相当具有挑战性的（Lee et al., 2011）。在高水平的团队自省情况下，会促进具有积极特质情感的员工坚持不懈地朝着持续改进的方向努力。相反，在低水平的团队自省情况下，员工容易接受一个策略，而不会努力地持续改进方案（Kim et al., 2016）。以团队自省为规范，带有消极情感的团队成员也可能会被鼓励参与知识共享，并利用建设性的团队过程，从更大的范围视角考虑解决方案（George et al., 2002）。

研究发现，团队自省可以提高团队绩效，尤其是在信息丰富的情况下。例如，当团队高度多样性时，自省过程允许团队成员利用他们不同的视角来提高决策的质量，从而提高绩效（Yang et al., 2020）。团队自省对从事复杂工作的团队尤为重要，特别是在复杂环境中从事具有挑战性的任务和操作的团队。在任务困难、团队环境不确定的情况下，对完成工作的方法进行评价和反思，有利于更好地提高工作绩效（Tjosvold et al., 2004）。类似地，分散注意力的事件在促进团队反思和学习方面发挥着重要作用（Zellmer-Bruhn, 2003；Oertel et al., 2014）。作为工作中的关键要素，团队中共同的转变、习惯性的信念和惯例可以成为团队成员的触发事件，促使他们反思自己的工作方式和实践（Mohammed et al.，2010）。通过不断反思，团队成员可以了解彼此的技能和专长，从而更容易在团队内部形成交互记忆系统，以促进团队创造力的产生（李柏洲等，2017）。通过团队自省使团队对应对环境变化带来的挑战更加感兴趣，在应对挑战方面的主动性有利于团队掌握主动权，更好地理解和处理与创新相关的问题（石金涛等，2008）。

2.4 个体情绪智力与团队情绪智力研究综述

2.4.1 个体情绪智力的概念及相关研究

2.4.1.1 个体情绪智力的概念

情绪智力表现出解决问题的能力，包括语言能力和社交能力，是在人际交往过程中产生的概念（张辉华，2021）。Salovey 和 Mayer（1990）给出情绪智力的科学定义，应用于心理学，并逐步应用于更多领域，如社会学、管理学。个体情绪智力是指准确感知、评价和表达情绪、理解情绪和调节情绪的能力（Mayer et al.，2000），这些情绪能力的差异会影响个人对不同生活和工作环境的适应能力。情绪智力是一个多方面的概念，包含不同的理解方式，它可以是一种天生的能力，可以是性格的一个方面，也可以是一种后天习得的行为（Schutte et al.，2011）。也就是说，情绪智力是人格特质、先天能力、学习行为和社交能力的综合。也有学者提出，情绪智力包括感知（自我和他人的情绪）、编码（情绪情境中的行为）、记忆（对成功和失败的情绪反应和回忆）和推理（基于接收到的情绪输入和之前的编码的成功情绪反应）（Park et al.，2017）。Wong 和 Law（2002）研究认为，情绪智力包括四个维度：情绪的自我评价、他人情绪的评价、情绪的使用和情绪的控制，这个概念被广泛应用。

2.4.1.2 个体情绪智力的相关研究

个体情绪智力（emotional intelligence，EI）是一种处理情绪相关信息的技能，对理解组织环境中的行为或个人和群体非常重要（Schutte et al.，2011）。管理学领域中个体情绪智力的研究主要围绕个体动机行为和创造性行为。领导识别他人情绪、对自我情绪管理等方面的能力与工作中做出决策的正确性有很大关系（丁越兰等，2015）。学者们的研究结果表明，个体情绪智力与工作创造力正相关（Jafri，2018；Silva et al.，2019；Tu et al.，2020）。拥有高情绪智力的员工能够积极营造良好的沟通氛围，与他人顺畅沟通，促进目标的实现（方雯等，2014；Nguyen et al.，2019）。段锦云等人（2013）的研究结果显示，个体情绪智力高的员工在工作中处理突发事件时，能够保持积极的情绪状态，促进发散性思维。也有研究结果表明，个体情绪智力在工作特征和工作投入中起中介作用（Johari et al.，2022）。此外，个体注意力的深度和广度会影响情绪状态，对解决发散性和创新性问题起到重要作用，团队成员对个体情绪的认知会影响团队情绪，促进团队情绪智力的发展，有助于创新团队的绩效（陈权等，2013）。

2.4.2　团队情绪智力的概念及相关研究

2.4.2.1　团队情绪智力的概念

有研究认为，群体层面的情绪智力称为群体情绪智力（Druskat et al.，2001），以团队为任务单元的现代组织的情绪智力可以理解为团队情绪智力。团队情绪智力是在团队内部成员间的互动过程中形成的，也是在团队与其他团队的互动中产生和发展的（Jordan et al.，2009）。团队层面的情绪智力可能是在群体规范、社会化实践中产生，能感知群体层面的情绪和感受的一种群体情感能力（Park et al.，2017）。Ashkanasy（2003）提出了团队内协同能力能提高团队情绪智力，且团队情绪智力大于个体情绪智力的总和。从理论角度来看，学术界对团队情绪智力的概念有两种主要的观点：一种观点认为，团队情绪智力是一种从群体社会化、建立规范和发展群体内关系中发展起来的能力；另一种观点认为，团队情绪智力类似于集体心理，团队开发了一种意识，并理解了它与其他交互系统的目的，以及它（团队）与外部环境的关系（Ghu-man，2011）。Druskat 和 Wolff（2001）将团队情绪智力定义为团队建立管理情绪过程的规范，从而培养信任、群体认同和群体效能的能力。这一定义侧重于群体中个体利用其社交技能培养群体情绪管理规范，从而使群体有效地处理任务（MacCann et al.，2020），能够成功地管理团队情绪状态。

2.4.2.2　团队情绪智力的相关研究

团队成员在合作完成任务的过程中，因成员个体价值观、利益诉求产生对问题的不同看法以及工作方式上的差异，有可能发生冲突和引发情绪的产生。然而，一个具有情绪调控能力的团队能更好地改善团队内交往、共同协作，有助于团队创造力的产生，提高工作效能并完成团队任务。研究结果表明，团队情绪智力对组织绩效有正向影响，能够提高团队运作效率（Barczak et al.，2010）。它有助于团队培养团队信任、团队认同和团队效能，对团队协作有积极的影响。团队情绪智力是团队的重要特性，它对团队工作绩效的提高发挥重要作用（张辉华，2021）。研究结果表明，高情绪智力团队中的员工相对于低情绪智力团队中的员工在顾客服务方面表现得更好，团队内的信任水平更高，从而更好地实现组织目标（Gunsel et al.，2013；Silva et al.，2019）。以任务为导向的工作团队往往能够管理群体情感或群体情绪状态，以成功地实现指定的团队目标（Schutte et al.，2011）。团队成员之间的积极情绪可以促使内部成员关注其他成员的意见和态度，从而为完成工作任务和解决问题带来一定的帮助，提升团队绩效（王渊，2015）。

2.5 工作复杂性及任务难度研究综述

2.5.1 工作复杂性的概念及相关研究

2.5.1.1 工作复杂性的概念

工作复杂性，被定义为一项工作的多面性和难以完成的程度（Morgeson et al.，2006），源于工作特征模型。它指的是完成一项工作所需的难度和认知需求的数量。复杂程度较低的工作（如杂货店装袋工）不需要太多的脑力劳动或技能培养（Chae et al.，2018）。与此同时，高度复杂的工作（如工程师）往往更困难，需要具备更多的认知资源（Rosopa et al.，2019；Townsend et al.，2002）。Golden 和 Gajendran（2018）提出，工作复杂性是指工作任务的难度、多面性和涉及高水平认知技能的使用的程度。与简单工作相比，复杂工作需要更高水平的认知加工，因为复杂工作对信息线索的整合和合成需求更大。

2.5.1.2 工作复杂性的相关研究

Vila-Vazquez 等人（2020）研究认为，复杂的工作具有精神上的挑战，员工需要发现新的策略来完成这些工作。挑战感可以帮助员工投入更多努力（Chung-Yan et al.，2011），成功地满足工作要求并将产生更大的创造力。Golden 和 Gajendran（2018）在对远程办公的研究中指出，对于复杂程度高的工作，个人通常受益于长时间不间断地成功完成他们的工作。当工作复杂的时候，中断后恢复需要更多的时间和精力来完成复杂的任务，通过远离中心办公室工作来避免或最小化中断的能力可能使他们实现更高的绩效。在员工创造力和创新行为研究中，工作复杂性作为调节变量，调节了领导的行为示范对下属个体创造力的影响（尚玉钒等，2015）；从事高复杂工作的员工往往面临着新的目标和新的问题，必须采取不同于以往的创新手段和方法来完成工作（李懿等，2018）；再有赵斌等人（2017）研究发现，工作复杂性作为边界条件，在差错管理氛围和员工创新行为的关系中起到调节作用，工作复杂程度通过任务难度的不同会放大或减小，差错管理氛围通过释放（或增加）工作压力影响员工的积极心态与行为。

2.5.2　任务难度的概念及相关研究

2.5.2.1　任务难度的概念

　　任务难度（task complexity）的概念可以追溯到心理学家对决策任务的研究。心理学家认为，决策任务之所以有难度，是因为执行人可以根据想法做出决策，决策的结果也有很多可能性（West，1996；彭正银等，2011）。Wood（1986）构建了任务的理论模型，模型以"任务作为行为的要求"和"任务就是任务"作为研究框架，随后提出所有任务包括三个重要元素：产品、要求的行为及信息线索。Wood（1986）又强调，在此基础上构建任务难度的概念，也可以以此界定任务的其他特征。任务中所需的行为和信息线索是重要的任务输入，因为它们设置了个人顺利完成团队任务所需的知识、技能和资源的上限。Thorvald 和 Devaki（2007）研究了感知任务难度的两个基本维度：可分析性和可变性。可分析性定义为当出现异常时搜索过程的性质，即在任务中遇到不熟悉的刺激；可变性被定义为工作中遇到的例外情况的数量。

2.5.2.2　任务难度的相关研究

　　团队任务有难度的原因在于任务执行人的认知水平有限，导致任务在主体基本面上存在复杂性（Bjorvatn et al.，2018）；由于多个不同性质的任务可能同时交织在一起，团队任务的完成过程往往比较复杂（Chung-Yan，2010）。另外，完成任务的结果可以通过多种指标来衡量，使得任务结果的评价过程更加复杂（彭正银等，2011）。难度高的任务会面临更大的压力和更多不确定性预期，此时，情绪智力有助于积极情绪产生，进而促进创新行为（王仙雅，2015）。张钢和李慧慧（2019）认为，对于知识型团队来说，团队任务的重要性不可忽视，它决定了团队工作流程在整个组织中的地位，以及资源配置的地位，这是团队存在的基础，也是团队交互的决定性因素。已有研究明确，在任务难度较高的情况下，团队跨界活动会影响团队理解任务和执行任务的有效性标准（effectiveness criteria），但是，对简单任务和日常任务的绩效相关研究的影响结果不显著（奉小斌，2012）。

2.6 总体研究评述与本书研究方向

2.6.1 总体研究评述

梳理正念与创造力相关文献发现，尚有诸多研究空白有待挖掘和验证。在工作场所中，现有正念研究主要是关于个体层面的，包括正念训练（Eby et al.，2019）、员工正念特质（Langer，1992）、领导正念（Arendt et al.，2019）等，探讨的是个体正念对工作倦怠、压力、工作满意度、工作投入、离职倾向（Dane et al.，2014）的作用和影响机制（Milliot，2014）。也有研究结果证实，在工作中正念对创造力、工作绩效的正向影响（Baas et al.，2020），并且能降低员工的破坏性行为（Burton et al.，2019），提升组织公民行为（Dane，2010）等。

将正念拓展到团队层面研究的还有待于进一步探讨。首先，集体正念提出后，大多数研究都是在组织层面进行的。Weick 和 Roberts（1993）提出集体正念的概念，当个体构建共享域时，在活动的相互联系中会出现集体正念，集体正念越发达，集体就越有能力采取明智的行动，集体内相互的联系也就越紧密。Weick 等人（1999）进一步分析了在高可靠性组织中集体正念发挥的作用。之后的研究大多围绕集体正念在集体中（包括组织和团队中）发挥的作用。比如，在高层管理中促进集体智慧的产生（Cooren，2016），对医疗领域职业安全的影响（Dierynck et al.，2017）。在酒店工作场所中，Wu 和 Chen

（2019）研究了真诚型领导与集体正念、集体繁荣、亲社会行为（助人行为和主动客户服务行为）之间的关系。有关团队正念与员工创造力之间的关系及作用机制的研究则为空白。其次，自我反思、个体情绪智力能促进员工创造力（王智宁等，2018），尚未有研究将团队正念、自我反思、个体情绪智力、个体创造力纳入同一研究框架，探索团队正念影响个体创造力的中介和调节作用机理。再次，尚未有研究团队正念对个体创造力的跨层次效应，揭示中介路径及边界条件的研究为空白。最后，工作复杂性是影响个体创造力和团队创造力的关键情境因素和目标因素（奉小斌，2012；黄昱方等，2014）。工作复杂性现有文献主要围绕领导风格对员工创造力的作用机制（Müller et al.，2018；Vila-Vazquez et al.，2020），也有研究工作设计、工作复杂性与创造力和绩效关系的（Chae et al.，2018），还有研究个体特性、自我核心评价与工作绩效之间工作复杂性的调节作用的（Li et al.，2017；Rosopa et al.，2019），目前还没有研究工作复杂性对团队正念与个体创造力影响作用的调节作用的。

在团队层面研究正念对团队创造力的影响比较小。首先，Yu 和 Zellmer-Bruhn（2018）提出团队正念在组织中对冲突的影响，国内郑晓明教授在团队正念上展开了研究（倪丹等，2021）。其次，团队自省、团队情绪智力是团队认知过程中非常关键的中介变量。一些文献探讨了多种因素对团队自省、团队情绪智力的影响（比如团队任务特征、团队领导力等），也探讨了团队自省、团队情绪智力对团队行为的影响，包括对团队适应力的贡献（惠子璇等，2018；MacCann et al.，2020），团队决策能力的提高，对团队学习的影响（Henriksen et al.，2020；李柏洲等，2017），这些都可促使创新知识的产生。现有研究尚未从社会认知视角探索团队正念对团队自省、团队情绪智力的影响。再次，互动性团队认知理论强调团队认知是团队成员在协调、沟通和决策过程汇总所参与的团队活动（Bandura，1986）。一些研究结果表明，团队正念是团队成员共有的一种信念，是对当前事件的意识和关注，以及对团队经验的体验和非评判性信息的处理方式（Yu et al.，2018）。遗憾的是，团队正念通过团队成员之间的互动对团队创造力的影响尚未在现有研究中得到探讨。最后，在任务难度调节作用下，已有对团队创新绩效（奉小斌，2012）、团队绩效（黄昱方等，2014）的研究，目前还没有任务难度对团队正念于团队创造力影响作用的边界条件的研究。

2.6.2　本书研究方向

本研究对主要研究变量的概念、测量和相关研究进行总结和评述，发现已有文献的诸多研究缺陷或研究空白。为进一步推进团队正念和组织内创造力相关研究的理论发展和推进企业管理实践，本研究提出以下几个努力方向。

2.6.2.1　通过探索性案例研究提出研究假设命题

基于文献研究设计访谈提纲（包括团队主管访谈提纲和团队成员访谈提纲），采用半结构化访谈，探索团队正念对团队成员个体创造力和团队创造力的作用机制。对访谈资料进行内容分析和编码分类，结合访谈收集相关资料加以总结和分析，并以此提出研究假设命题。

2.6.2.2　揭示团队正念影响个体创造力的跨层影响机制

团队正念是呈现于团队层面的变量，并且影响团队认知过程和结果。现有研究主要聚焦于正念对员工态度（如工作满意度）以及员工行为（如员工创造力）的影响，尚未有研究探索团队正念对个体创造力的跨层次影响及作用机制。自我反思是对个体的思想、行为、结果和情感进行审视和评价（Grant et al.，2002），自我反思可以是促进员工创造力一个关键中介（Zhou et al.，2003；Wang et al.，2019）。个体情绪智力是一种处理情绪相关信息的技能，对理解组织环境中的行为或个人和群体非常重要（Schutte et al.，2011），在工作中处理突发事件时，能够保持积极的情绪状态，促进发散性思维（段锦云等，2013）。根据社会信息加工理论，本研究探讨具有正念的团队，面对意外、突发事件如何激发团队成员个体自我反思和个体情绪智力，从而促进个体创造力产生和提高。此外，工作复杂性是影响员工创造力的情境特征（Golden et al.，2018），考虑团队正念和工作复杂性协同作用的相关研究则为空白，本研究拟对此进行理论探讨和实践检验。本研究拟从跨层次研究视角，探索团队正念对个体层面员工创造力的作用机制。同时引入工作复杂性情境要素，拟进一步研究团队正念与工作复杂性对自我反思、个体情绪智力、个体创造力的协同影响机制。研究结论能够深化团队正念研究，并且推进社会信息加工理论的发展。

2.6.2.3 揭示团队正念对团队创造力的影响机制

社会认知理论认为，团队成员在协调、沟通及决策时互动合作的过程产生团队认知（Salancik et al., 1978）。已有研究尚未从社会认知视角探究团队正念作为一种工作状态影响团队创造力的作用机制。团队自省描述了团队在面对复杂和不可预测的环境时，通过策略和行为进行思考，并调整其功能的程度（Konradt et al., 2016），团队自省程度影响团队对社会信息的关注度和感知程度（Lee et al., 2011）。团队情绪智力是一种群体规范，在社会化实践中产生，能感知群体层面的情绪和感受的一种群体情感能力（Park et al., 2017）。团队情绪智力对团队工作绩效的提高发挥重要作用（张辉华，2021）。任务难度带来团队的不确定性和风险性是团队完成任务的重要情境因素（Thorvald et al., 2007），难度高的任务会面临更大的压力和更多不确定性预期（王仙雅，2015）。根据社会认知理论，本研究构建团队正念对团队创造力的影响机制，同时引入任务难度作为调节变量，探索团队正念与任务难度对团队自省、团队情绪智力、团队创造力的协同影响机制，以期深化对团队正念的理解，丰富社会认知理论研究和应用。

第3章　团队正念影响创造力的
探索性案例研究

3.1　团队正念影响创造力的理论预设

面对错综复杂、变化层出不穷的市场竞争环境，在现有资源禀赋压力下，组织中的团队该如何适应？如何在内外部不确定因素、突发事件频繁出现的竞争中生存和发展并实现绩效提升？是否可以从团队正念的视角探讨组织内团队成员个体创造力、团队创造力的提升和发挥作用？这些问题在理论和实践意义上都值得探索和思考。

关于正念的研究在心理学和医学领域越来越成熟，但在组织管理中仍处于起步阶段，在理论和实践中有指导意义，从而备受关注。首先，正念在组织管理中的积极效应得到了实证研究的支持（Brown et al.，2003）。其次，专注力一直被认为是组织管理中的一个关键因素，正念为专注力的性质和作用提供了一个新的视角（Langer et al.，2000）。最后，组织管理实践者对利用正念来应对职场突发事件和挑战的兴趣也日益上升。很多公司、企业开始将正念引入激励管理中，包括世界一些著名企业，如谷歌、苹果、通用磨坊和麦肯锡咨询集团等（Good et al.，2016），正念在职场中成为一种提高员工幸福感和绩效的方法。也有学者指出，当前的工作特点与过去传统的状态不同，这可能会让员工面临更多的压力，使员工感到疲惫和倦怠。加班不仅是延长工作时间，也会让员工在工作中感受到更高的要求和强度，而且有很多不确定因素和变数。同时，人们逐渐进入通过技术支持的互动体验世界，工作模式也悄然发生改变，居家办公、随时需要回复邮件、处理各种突发事件等，这种可达性造就了一种期待立即反应的工作要求，模糊了工作和家庭生活之间的界限。充满挑战和变化的环境及连续工作的特点，呼唤正念成为组织主张的工作特点和状态。

正念定义为对当前事件和经历的接受性注意和意识（Brown et al.，2003）。在多数情况下，正念被作为一种个体层面心理内在现象来研究（Jackson，2018；Jochen Reb，2015）。研究结果表明，正念影响员工和组织绩效（Leroy et al.，2013）、创新（Malinowski et al.，2015）、经营业绩和决策能力（Dane，2010）等。但是，值得关注的是，管理学者少有关注正念如何影响团队合作的挑战（Good et al.，2016；Hulsheger，2015）。现代组织大多是以团队为基础的，没有考虑正念在团队层面如何发挥作用。本研究试图拓展关于正念概念的影响和价值，从实际工作场所案例中发掘团队正念的特点和对创造力发挥的作用。

3.2　团队正念影响创造力的案例研究设计

3.2.1　探索性案例研究的意义

Yin（2014）认为，案例研究作为一种有效的研究方法，可以增强研究者对个人、组织、机构、社会等相关领域的研究能力。案例研究已经成为心理学、社会学、政治学、人类学、社会工作、企业管理、医疗保健和社区规划的常用工具。案例研究可以帮助研究人员充分理解复杂的社会现象，并保留现实生活中有意义的特征。案例研究有助于研究复杂的新现象，还有助于建立和验证理论（Tasci et al.，2020）。

由于研究目的不同，案例研究分为描述性案例研究、解释性案例研究、探索性案例研究和评价性案例研究，本研究采用探索性案例研究。探索性案例研究旨在预设将要研究的问题、假设，或判断提出方案的可行性。通常，探索性案例研究是其他类型研究的前奏，应用探索性案例研究可以获得其他研究方法无法获得的数据、经验和知识，并在此基础上，分析不同变量之间的逻辑关系，构建新的理论研究模型（Yin，2014）。在探索性案例研究过程中，可以对某一个现象在单个案例中单独进行研究，或者在多个案例之间对同一现象进行研究，从而证明一个理论，增强理论和实践意义（Eisenhardt，1989）。开展多案例分析，相当于将每个案例都作为对比或复制的离散实验，从而延伸到新兴理论（Yin，2017）。

依据第2章对团队正念、自我反思、团队自省、个体情绪智力、团队情绪智力、个体创造力、团队创造力，以及工作复杂性和团队任务难度等研究变量相关研究文献的评述，初步思考变量之间的关联性。在构建研究理论模型之前，引入探索性案例研究，选择组织内工作团队作为研究对象，在现实工作场所中探索团队正念对创造力的影响过程，通过揭示或描述剖析变量之间的因果关系（苏敬勤等，2011），以此作为构建理论研究模型和研究假设的基础，增强理论模型证实能力。团队正念作为团队互动认知过程的结果或状态，是比较抽象和复杂的概念。通过探索性案例研究发现和意识到团队正念的存在和发挥的作用，能够在动态的特定情境中展开研究，试图理解团队正念及其与团队成员个体创造力和团队创造力的关系。

3.2.2 案例选择

本研究收集数据，选择访谈和公开的二手数据。在进行实地数据采集之前，本书著者与同课题研究组成员，充分做好访谈前的准备工作。在访谈设计中，结合文献资料研究，并根据研究目的制定访谈提纲，包括团队主管访谈提纲和团队核心成员访谈提纲。在访谈设计中，要充分考虑受访者对问题的理解和受访者的卷入程度，还有访谈者的提问方式、访谈过程的记录等因素均有可能影响访谈的结果（Yin，2014）。为了避免产生先入为主的想法，防止访谈中获得的信息被限制在预设的模式中，这部分研究的访谈采用了半结构式访谈，让受访者自由回答访谈问题。研究选择案例遵循：第一，团队合作的任务特征明显，团队任务的性质和内容不同；第二，企业处于竞争激烈的行业中，团队任务绩效反映了市场竞争的结果；第三，团队需要在突发事件发生时及时做出决策，团队决策影响企业的经营和发展。

访谈提纲主要涉及团队成立的时间、背景和发展历史，团队的主要职责和任务，过去团队完成任务的过程和结果，以及团队成员的工作情况和完成情况。在开始正式访谈之前，利用初步访谈提纲对研究小组成员进行试访谈。在试访谈中，访谈者结合研究目标反复思考和修改提纲中设置的问题。访谈提纲规避了企业重要的工作信息和个人隐私问题，注意提问的表达方式，措辞简洁易懂，最终形成正式的访谈提纲，包括团队主管访谈提纲和团队成员访谈提纲，见附录3和附录4。访谈时，提前与企业或公司取得联系，说明访谈目的，做好访谈前的沟通，使受访者对访谈的主题和目的有一定的了解，约定访谈的具体时间和地点，以保证访谈的顺利进行。主要采用半结构化访谈，必要时进行补充调研。单次访谈时间大约90分钟，一般团队主管1人，团队核心成员2~4人。在访谈过程中，访谈者要求受访者根据访问提纲详细描述关键事件或案例。访谈中，受访者绝大部分都非常配合，仅有2名团队成员因为工作忙或临时出现时间冲突等没有完成全部访谈，其他受访者访谈卷入程度很高，并愿意接受补充调研和访谈。

本研究的研究对象为工作团队，访谈从2021年6月到2021年9月，历时近4个月。根据事先联系和约定，访谈了5家企业下属的9个团队，包括上海库润信息技术有限公司、深圳市康泰健牙科器材有限公司、上海临港教育科技有限公司、耐克商业（中国）有限公司和中怡保险经纪有限责任公司5家企业。在访谈过程中，做好笔录，在征得受访者允许后进行了录音。访谈结束，在48小时内完成访谈资料的整理，整理了一手资料和二手资料总共近21万字的访谈资料，累计访谈26人。之后对接受访谈的团队案例进行分析。有的团队成员之间工作独立性比较强，考核过程注重个人业绩，对团队业绩考核要求不高。访谈者与有的团队联系过程中出现了一些问题，只与负责人进行了沟通，没能完成团队的全部访谈。经过讨论和筛选，最后选取2家企业共6个团队的6名团队主管和14名团队核心成员作为案例研究对象，开展探索性案例研究。

3.2.3　探索性案例研究的团队概况

Yin（2014）指出，多案例分析选取5~7个典型案例比较合适。为此，最终选取了上海库润信息技术有限公司（以下简称KR公司）的三个团队（A团队、B团队、C团队）和深圳市康泰健牙科器材有限公司（以下简称KTJ公司）的三个团队（D团队、E团队、F团队）进行探索性案例研究。

KR公司，公司官网：https://www.kurundata.com/。KR公司于2006年在上海成立，隶属Toluna集团。Toluna集团旗下还拥有Toluna和Harris Interactive两大数字化市场研究品牌，覆盖全球68个国家的市场，在欧洲、北美、亚太、中东及北非等地设有24个办公室。公司不仅拥有全国随取随用的百万自有活跃会员Panel，还拥有强大的自动化Digital系统，通过数据托管或定制化服务，全方位帮助客户衡量消费者意愿做出最正确的选择。在过去的十几年里，一直不断创新，从最初的一调网、投吧会员网站到如今的给力赚、今日问卷微信小程序、自助问卷及Digital Tracking等多种形式的调研产品，KR公司一直走在时代前端，以客户满意度为追求，为客户提供行业最尖端的技术及服务，让企业直接连接消费者。KR公司拥有的两大业务模块——在线样本库和在线调查系统，为客户提供从问卷编辑、样本招募、抽样到项目管理、质量控制的一体化服务，让市场调研更快捷、更高效、更经济、更便利。公司服务的客户有字节跳动、百度、京东、阿里巴巴、腾讯、上海银行、索尼、松下电器、联合利华、宝洁公司等中外企业数十家。KR公司参与访谈的三个团队分别是产品运营部（A团队）、项目执行部（B团队）和研究部（C团队）。

KTJ公司，公司官网：www.ktjdental.com。KTJ公司创建于1996年，专业从事各类高品质义齿制作。KTJ公司以"责任、友好、合作、互利、共赢"为宗旨，以优质的产品和细致的服务赢得海内外客户的认同与信任。客户群体遍及德国、美国、日本等发达国家，以及香港、台北、上海、北京、杭州、大连、天津、重庆、深圳等国内各大城市，是国内外高端客户群体值得信赖的高端义齿供应商。KTJ公司紧跟数字口腔前沿技术发展步伐，与国内医学院及专科高职院校建立产学研合作，培养优秀的专业人才，联合开展口腔医学技术专业课程建设、师资培养、实验教学平台、实训平台建设、教案编写、相关软件开发，联合开展新技术、新项目的研发、使用和拓展。目前，KTJ公司国内产品品牌有高端修复品牌"格莱美"、椅旁快速修复品牌"微瓷"、高端美学修复品牌"爱康"，国际品牌有KTJ dental。KTJ公司凭借国内外技师的专业能力和品控团队，以优良品质和细致服务赢得海内外客户的广泛认同。KTJ公司参与访谈的三个市场营销团队分别是深圳总部市场营销团队（D团队），中山、珠海市场营销团队（E团队），福建、江西市场营销团队（F团队）。

1) A团队（KR公司产品运营部）

A团队主管于2013年加入KR公司，自2017年担任产品运营部负责人，团队规模11人，其中主管1人，团队成员10人。A团队主要任务是产品维护和新产品研发，产品种类有十多个，包括网站调研、问卷系统、项目系统、OA、CRM、核心报表等。目前，A团队还在研发行业数据库、CM、数据工具的使用等。A团队研发的软件主要针对组织市场，目前为很多知名企业服务，比如A团队研发的问卷系统被宝洁、联合利华、奥迪等采用。A团队成员大部分比较年轻，也有工作了十多年的员工。

2）B团队（KR公司项目执行部）

B团队成立于2020年，团队主管一开始就负责该团队，团队规模6人，其中主管1人，团队成员5人。B团队主要任务是业务的执行，执行相关的调研任务，对接客户和受访者，并帮助客户协调KR公司其他部门。B团队中每名成员都是项目经理，每名成员都负责特定的项目，直接对接客户和受访者，当工作中遇到技术问题、受访者信息问题、功能开发问题、订单问题时都要与相关部门（比如技术部、样本部、产品部、销售部等）沟通协调。B团队刚成立不久，成员普遍很年轻。男性员工多，为了完成项目平时加班多；女性员工也有很大的优势，特别是与客户沟通比较顺畅。

3）C团队（KR公司研究部）

C团队主管于2018年加入KR公司，一段时间后开始担任研究部负责人，团队规模9人，其中主管1人，团队成员8人。属于生产和支持性部门。C团队主要任务以知识服务为主，为企业内部和外部客户提供服务和支持，构建好知识需求服务体系，与项目执行部关联性强。具体任务是与客户沟通，了解客户需求，接下订单，帮助制订满足客户需求的个性化调研方案，接下订单后在调研方案和设计上给予支持。C团队成员年龄在26—35岁，平均年龄30岁，以女性为主，有技术等级要求。

4）D团队（KTJ公司深圳总部市场营销团队）

D团队主管于2010年加入公司。D团队成立于2019年，D团队主管从部门成立起就担任负责人，团队规模5人，其中主管1人，团队成员4人。团队主要任务是对外客户关系维护、售后服务。团队中都是年轻人，平均年龄25岁。

5）E团队（KTJ公司中山、珠海市场营销团队）

E团队主管2017年开始负责中山和珠海的市场营销团队，办事处在中山。E团队主要任务是市场开拓和维护，属于半技术型的工作，团队共8人，其中主管1人，团队成员7人。团队中有2名成员在珠海，其他在中山。原来是中山和珠海的两个团队，2020年合并为一个团队，目前仍处在团队重组阶段。E团队成员平均年龄超过30岁，成员大部分都是30多岁。

6）F团队（KTJ公司福建、江西市场营销团队）

F团队主管2013年在大学读口腔医学技术专业时就到KTJ公司实习，2015年正式加入KTJ公司，2017年开始负责福建市场营销团队，目前准备接手江西市场营销团队，负责两个团队的业务。目前F团队中，福建团队主管1人，团队成员5人；江西团队主管1人，团队成员2人。KTJ公司新的要求是"做有技术的业务员"，F团队主要任务包括市场宣导、市场开发、应收款回款、临床操作服务。F团队成员年龄在25—35岁。

案例团队基本情况汇总见表3.1。

表3.1　案例团队的基本情况

企业名称	行业	所有制	团队名称及成员数量	团队编号	访谈对象
上海库润信息技术有限公司	调研咨询	民营	（常州分公司）产品运营部，团队主管1人，团队成员10人	A	部门负责人1人，核心团队成员2人
			（常州分公司）项目执行部，团队主管1人，团队成员5人	B	部门负责人1人，核心团队成员2人
			（上海总部）研究部，团队主管1人，团队成员8人	C	部门负责人1人，核心团队成员2人
深圳市康泰健牙科器材有限公司	医疗器械行业	民营	（深圳总部）市场营销团队，团队主管1人，团队成员4人	D	部门负责人1人，核心团队成员2人
			（中山、珠海分部）市场营销团队，团队主管1人，团队成员中山点5人、珠海办事处2人	E	部门负责人1人，核心团队成员3人
			（福建、江西分部）市场营销团队。福建团队主管1人，团队成员厦门办事处4人，福州办事处1人；江西团队主管1人，团队成员2人	F	部门负责人1人，核心团队成员3人

3.2.4　数据文本编码过程

根据开放式编码的要求，本研究对访谈资料整理后的文本资料逐句进行解读，完成数据提炼、概念化和范畴化过程。通过文本逐句整理，一共得到465条能够反映团队正念、个体创造力、团队创造力、自我反思、团队自省、个体情绪智力、团队情绪智力、工作复杂性、团队任务难度的语句和对应的初始化概念，详见表3.2。表3.3为案例团队各变量编码条目数汇总。

表3.2　变量编码表

变量编码	团队编码	维度编码
团队正念-1	A–a	体验性11（TZ1）、关注当下12（TZ2）、不加评判处理13（TZ3）
个体创造力-2	B–b	创造力相关技能21（EC1）、创新思维22（EC2）
团队创造力-3	C–c	团队参与31（TC1）、信息交流32（TC2）、团队学习33（TC3）
自我反思-4	D–d	自我总结41（FS1）、自我学习42（FS2）、自我改进43（FS3）
团队自省-5	E–e	团队反思51（ZX1）、团队适应52（ZX2）
个体情绪智力-6	F–f	情绪识别能力61（IET1）、情绪调节能力62（IET2）
团队情绪智力-7		团队理解能力71（TET1）、团队协作能力72（TET2）
工作复杂性-8		工作挑战性81（FZ1）、工作能力要求82（FZ2）
团队任务难度-9		不确定性91（ND1）、风险性92（ND2）

表3.3　案例团队各变量编码条目数汇总

案例团队	团队正念			个体创造力		团队创造力			自我反思			团队自省		个体情绪智力		团队情绪智力		工作复杂性		团队任务难度	
	TZ1	TZ2	TZ3	EC1	EC2	TC1	TC2	TC3	FS1	FS2	FS3	ZX1	ZX2	IET1	IET2	TET1	TET2	FZ1	FZ2	ND1	ND2
A	5	2	3	4	4	3	4	4	4	5	3	3	4	2	4	3	2	5	4	3	3
B	2	3	3	7	9	5	4	2	4	5	2	5	4	3	4	3	3	3	3	4	4
C	3	3	3	9	4	4	4	4	5	3	4	4	4	3	2	4	4	4	4	3	4
D	3	3	3	4	4	3	3	4	5	4	3	5	3	2	4	4	3	4	5	3	2
E	4	3	3	4	4	5	4	7	3	3	4	3	3	3	2	3	3	3	4	3	5
F	3	2	3	4	5	3	4	4	3	4	3	3	5	4	1	3	5	4	3	4	2

3.3　探索性案例分析及主要发现

3.3.1　团队正念探索性案例分析

3.3.1.1　团队正念的探索性指标确定

当团队讨论想法并努力寻找最有效的途径来实现共同目标时，团队成员通常会表达各自的关注点，提供不同的观点，并进行充分的讨论，即使不是每个人都同意，这样的过程也可以带来有效的结果以及共同的成就感（Yu et al.，2019）。Yu和Zellmer-Bruhn（2018）对团队正念的定义是，团队成员之间的一种共同信念，即他们互动的特征是对当前事件的意识和关注，以及对团队内部体验的体验性、非评判性处理。Rupprecht 等人（2019）对团队正念的定义是，以一种经验和非评判的方式集体关注团队经验及其潜在目标、任务、角色和结构。正如一个人在练习正念时关注当下的意识一样，正念团队也会反复将他们的意识或注意力回归到目标、表现、过程、氛围和问题上。这可能是由过程（如当前经验的变化）和采用非判断态度所驱动的，从而允许成员对团队动态更加敏感，并且更能够适应团队结构和过程。团队正念不同于个人正念，因为它适用于整个团队和成员之间的互动，而不是员工的个人思维模式。换句话说，这是一个团队在特定时刻所经历的集体意识，而不是来自个人层面的预先判断（Yu et al., 2019）。

团队正念是团队成员互动过程中形成的一种集体意识，团队正念的产生是由于团队成员对他们的互动产生了类似的感知（Carter et al., 2015）。本研究认为，"体验性"理解为感知团队成员之间正式和非正式沟通的状态，以及感知团队成员之间的联系紧密程度（张建卫等，2019），作为探索性分析的考察指标之一。在团队正念中，"关注当下"是非常重要的特征（Yu et al., 2019）。在团队工作中，团队成员要提高工作效率，保证团队任务有效完成，集中精力"对当前事件和经历的接受性注意和意识"（Brown et al., 2007）。本研究将"关注当下"理解为，团队成员遇到困难或问题时能够集中到当下的问题或困难上，共同商议出谋划策略以解决问题和克服困难的情况，作为探索性分析的考察指标之一。在团队正念中，"不加评判处理"是另一个非常重要的特质，Yu 和 Zellmer-Bruhn（2018）认为，团队正念是团队成员之间共享的一种感知，即他们的互动以当前的集中注意力和意识的经历，并以团队经验的、非评判性处理的经验。本研究认为，"不加评判处理"理解为经验处理的是"观察到的事实，没有立即判断或标记"（Good et al., 2016），作为探索性分析的考察指标之一。因此，团队正念探索性考察指标包括体验性（TZ1）、关注当下（TZ2）和不加评判处理（TZ3）三个维度。

3.3.1.2 案例团队的团队正念描述

结合文献综述中关于团队正念的相关研究，在对6个团队的分析中，A团队的编码条目数共10条，包含3个维度，体验性5条、关注当下2条、不加评判处理3条；B团队的编码条目数共8条，包含3个维度，体验性2条、关注当下3条、不加评判处理3条；C团队的编码条目数共9条，包含3个维度，体验性3条、关注当下3条、不加评判处理3条；D团队的编码条目数共10条，包含3个维度，体验性3条、关注当下3条、不加评判处理4条；E团队的编码条目数共10条，包含3个维度，体验性4条、关注当下3条、不加评判处理3条；F团队的编码条目数共8条，包含3个维度，体验性3条、关注当下2条、不加评判处理3条。团队正念是来自团队成员共享的团队属性，6个团队均具有团队正念的3个维度，即体验性（TZ1）、关注当下（TZ2）、不加评判处理（TZ3），编码条目数共55条。案例团队正念特征编码情况详见表3.4。

表3.4　案例团队正念特征编码

编号	范畴	原始资料语句（典型举例）
1	体验性（TZ1）	a111 团队成员之间有分工、有合作。当遇到问题时，团队成员相互之间需要反复沟通和协作 a112 在解决问题讨论过程中，鼓励大家发表意见、畅所欲言，经常召开头脑风暴，这样可以在新产品研发过程中听取各方面的意见和建议 b111 团队内部要经常在任务执行过程中商讨遇到的难题 c113 遇到不能应付的难题时需要链接外部资源，比如与其他部门协调沟通或调整方案 d112 团队成员之间既有各自负责的订单，也需要交流和沟通，共同商量一些疑难问题 e114 团队在重新组合过程中，要注重团队的管理，业务要正常开展，团队成员的融合也很重要 f112 突发事件是常有的，当遇到很意外很棘手的问题时，团队内部要交流，可以共同想办法
2	关注当下（TZ2）	a121 遇到有争议性的问题，更要专注于事件或问题本身，集中精力思考问题的实质，以及可能涉及的几个方面，然后提出解决方案 b123 任务中有的环节遇到问题需要其他部门协作和辅助，这时就更需要通力合作，各部门人员集中精力商量解决办法 c121 遇到紧急事件时，团队内或多或少会出现烦躁的情绪，在团队的集体思维下，负面不安情绪也会得到缓解，然后聚焦于工作本身 d123 团队工作出现失误，团队成员承担相应的责任，更重要的是大家一起跟进处理问题，尽快解决问题，减少损失 e122 团队遇到困难或紧急事情时，集中精力思考出现问题的原因和现状，作为义齿加工方要帮助医生制订方案 f121 遇到突发事件是常有的，团队内部要交流，遇到问题可以共同想办法
3	不加评判处理（TZ3）	a122 出现意见不合的情况或大家觉得有不合理的地方，相互之间批评埋怨一定不能解决问题，静心思考不同的想法，有时会发现可利用之处 b123 团队成员想法不一致时，团队主管会建议大家记下不同的想法，客观地思考一下他人的意见，厘清思路，再进行商量，直到形成一个比较合理的方案

表 3.4（续）

编号	范畴	原始资料语句（典型举例）
3	不加评判处理（TZ3）	c122 对不同意见和想法不做评价，大家彼此先听取他人想法，全面思考，共同商议寻找最佳方案是团队为客户服务的最终目标 d123 团队中会有不同的想法、意见，不能墨守成规，要支持团队成员去提一些意见，认为不合理的，也先思考一下，这样做或那样做可能是思路不同、看问题的角度不同，集思广益才能更好地处理问题 e123 大家在讨论的时候会有看似离谱的想法，但是如果能够仔细听取团队成员的解释和真正的意思，有时会有不错的启发 f123 团队中会有不一致的想法，如果确实不合理而且偏离实际情况，我们要及时分析并帮助扭转，及时止损。好的合理的想法和主意要鼓励，促进大家做得更好

3.3.2　团队成员个体创造力、团队创造力特征

3.3.2.1　团队成员个体创造力的探索性指标确定

个人或小型团队的创造力主要有三个组成部分：专业技能、创造性思维技能和内在动机（Amabile，1988）。根据创造力成分理论，领域相关技能和创造力相关技能决定个体的创造性执行能力，而内在任务动机决定个体的实际行为。组织创造力的互动主义视角强调（Woodman et al.，1993），创造力是个体在组织的不同层次上与其工作情况之间的复杂互动，强调个体的认知加工、稳定的个体差异以及外部环境对个体的影响。Amabile 和 Gryskiewicz（1989）在报告中说，持续性、好奇心、精力和智力的特征一直被研发科学家认为是创造力的重要特征。个体创造力是指在任何领域中新的和有用的想法的产生（Amabile，1988），因此，构成创造需要满足两个基本条件：一个是这一想法必须与已经存在的想法有所不同，另一个是这一想法必须是可以用于对相关目标的实现，即必须是有意义和有价值的想法（刘祯，2012）。因此，研究认为团队成员个体创造力探索性考察指标包括创造力相关技能（EC1）、创新思维（EC2）两个维度。

3.3.2.2　案例团队成员个体创造力描述

结合文献综述中关于团队成员个体创造力的相关研究，在对 6 个团队的分析中，A 团队的编码条目数共 8 条，包含 2 个维度，创造力相关技能 4 条和创新思维 4 条；B 团队的编码条目数共 16 条，包含 2 个维度，创造力相关技能 7

条和创新思维9条；C团队的编码条目数共13条，包含2个维度，创造力相关技能9条和创新思维4条；D团队的编码条目数共9条，包含2个维度，创造力相关技能4条和创新思维5条；E团队的编码条目数共9条，包含2个维度，创造力相关技能4条和创新思维5条；F团队的编码条目数共9条，包含2个维度，创造力相关技能4条和创新思维5条。个体创造力是指在任何领域中新的和有用的想法的产生，6个团队成员均具有个体创造力的两个维度，即创造力相关技能（EC1）和创新思维（EC2），编码条目数共64条。团队成员个体创造力特征编码情况详见表3.5。

表3.5　案例团队成员个体创造力特征编码

编号	范畴	原始资料语句（典型举例）
1	创造力相关技能（EC1）	a213工作中需要懂文案写作、运营要求，以及具备一定的技术知识，沟通能力很重要 b216需要掌握问卷编程上的逻辑思维，有逻辑性的解释和分析、计算机应用、编写代码、数据结果分析能力 c213一是沟通能力，二是专业知识，能解决数据的知识更新等 d211学习新的数字化设备，更精准地测量和评估患者的情况，帮助医生有效取模 e214团队成员要懂专业技术，要明白客户的需求点 f213只有懂技术才能做好服务，跟进公司产品更新，学习和提升技术
2	创新思维（EC2）	a222产品更新迭代，出现故障及时解决，研发新产品，遇到困难或不能推进时，找出原因，想出解决的办法 b225重新审核不同环节，进行微调，改变设定的逻辑思路，改变方式等 c223不能一味地按照过去的经验，每次情况都不一样，需要新的办法以提高工作的有效性 d221工作中要了解行业情况，学会与客户交往，了解他们的喜好和个性，沟通很重要，有针对性地想出办法解决问题 e222工作中要不断思考和积累，每次情况都会不一样，对产品和加工技术要跟进学习，只有更新自己的技术和技能才能服务好客户，有利于生产加工 f224面对不同客户的不同需求，要能够真正理解，还要很好地在客户和工厂之间传递信息

3.3.2.3　团队创造力的探索性指标确定

组织正面临着越来越复杂的挑战，这些挑战已经不能仅仅依靠有创造力的个人来解决了，它们需要拥有不同技能、想法和知识的团队来创造性地解决这些具有挑战性的问题（Chompunuch et al.，2019）。团队有明确的目标，成员之间为完成任务而相互依赖。随着时间的推移，团队发展出团队知识、团队经验、团队信任和团队惯例（Woodman et al.，1993）。团队创造力是通过团队合作产生关于产品、服务或流程的新的和有用的想法，它要求团队从不同的角度看待事物，并将以前可能认为不相关的元素组合成新的和更好的事物（Amabile，1982；Amabile，1983；Gilson et al.，2005）。团队创造力不是团队成员个体创造力的简单集合（Kurtzberg，2005；Perry-Smith et al.，2017），而是团队成员互动交流产生的创造性行为和思想。通过相互交流，团队在创造性任务上的成就有所增加，这是因为团队能够更重视成员之间相互的反应（Shin et al.，2012）。因此，研究认为团队创造力验证性考察指标包括团队参与（TC1）、信息交流（TC2）和团队学习（TC3）3个维度。

3.3.2.4 案例团队创造力描述

结合文献综述中关于团队创造力的相关研究，在对6个团队的分析中，A团队的编码条目数共11条，包含3个维度，团队参与3条、信息交流4条和团队学习4条；B团队的编码条目数共11条，包含3个维度，团队参与5条、信息交流4条和团队学习2条；C团队的编码条目数共13条，包含3个维度，团队参与4条、信息交流4条和团队学习5条；D团队的编码条目数共10条，包含3个维度，团队参与4条、信息交流3条和团队学习3条；E团队的编码条目数共16条，包含3个维度，团队参与4条、信息交流5条和团队学习7条；F团队的编码条目数共10条，包含3个维度，团队参与3条、信息交流3条和团队学习4条。团队创造力是指通过团队合作产生关于产品、服务或流程的新颖和有用的想法，它要求团队从不同的角度看待事物，并将以前不相关的元素组合成新的和更好的东西，6个团队均具有团队创造力的3个维度，即团队参与（TC1）、信息交流（TC2）和团队学习（TC3），编码条目数共71条。团队创造力特征编码情况详见表3.6。

表3.6 案例团队创造力特征编码

编号	范畴	原始资料语句（典型举例）
1	团队参与（TC1）	a312有些难度大的问题要协同其他部门共同商讨，包括更高级别的领导参与一起 b314团队成员之间相互帮助，也可以得到领导的支持 c311遇到问题时需要团队协调一起来完成，有些不能应付的问题，我们还会链接外部资源，比如与其他部门协调沟通或调整方案等 d312团队领导会组织大家一起来商量，以维护好客户关系 e314首先给问题的根源定性，然后大家一起想办法解决 f311团队完成任务需要每个成员做好自己的分内事，压力挺大的，还要大家集思广益应对各种突发情况，共同商量讨论

表 3.6（续）

编号	范畴	原始资料语句（典型举例）
2	信息交流（TC2）	a323 团队成员会相互帮助，一起来解决问题，提供相应的帮助和信息 b322 团队主管的协调很重要，大家一起讨论并想出新的办法解决问题 c323 无论是正式会议还是非正式场合都可以交流讨论，都是为了更好地解决问题 d321 团队要帮助医生制订合适的治疗方案，确认订单后，要把订单的情况非常清晰地告诉生产部门，然后为医生、患者做好后期服务工作 e324 与医生商量义齿定制的合理方案，我们能给予帮助或找到问题所在，解决后期的调改问题 f322 把临床问题和产品问题结合起来，帮助找到不合适的原因，提高问题解决率
3	团队学习（TC3）	a332 经常召开头脑风暴，比如新产品研发时听取各方面的意见 b331 团队成员之间分享经验，共同成长 c333 相互听取建议有助于团队成员各自思考，厘清工作思路，使团队在潜移默化中形成默契 d333 大家从不同的角度思考解决问题的办法，最后达成共识 e335 团队主管要协调团队成员一起商量、相互宽慰，共享各自的经验和想法来解决问题，提高工作有效性和团队凝聚力 f331 大家集思广益应对各种突发情况，在共同商量的过程中，分享各自的想法，取长补短，会产生新的办法和思路

3.3.3　自我反思、团队自省特征

3.3.3.1　自我反思探索性指标确定

自我反思是对某个人自己的想法、感觉、行为和见解的论证和评价，是对自己的思想、感觉和行为的清晰理解，是一个有目的的、有指导的改变过程的元认知因素中心（Carver，1998），社会认知理论同样认为自我反思对个体认知具有中心作用。Dewey（1933）将自我反思描述为"积极地、持续地、仔细地考虑任何信仰或假定地只是形式，根据支持它的理由和倾向于进一步改进、提升的结论"。大多数关于自我反思的概念都涉及一个批判性质疑的认知过程。关于自我和自我相关的问题，如观察和经验（Matthew et al.，2009）。自我反思被认为是适应和自我发展的重要因素（Dewey，1933），与对新经验的开放态度（Wang et al.，2020）、工作场所学习（Tierney et al.，2002），以及适应性行为，如预期规划、问题解决、恢复过程和健康促进行为有关（Damen et al.，2016）。在探索性案例研究中，更注意团队成员的自我反思在任务执行全过程中的表现。因此，团队成员自我反思验证性考察指标包括自我总结（FS1）、自我学习（FS2）和自我改进（FS3）3个维度。

3.3.3.2 案例团队成员自我反思描述

结合文献综述中关于自我反思的相关研究，在对6个团队的分析中，A团队的编码条目数共12条，包含3个维度，自我总结4条、自我学习5条和自我改进3条；B团队的编码条目数共11条，包含3个维度，自我总结4条、自我学习5条和自我改进2条；C团队的编码条目数共12条，包含3个维度，自我总结4条、自我学习5条和自我改进3条；D团队的编码条目数共12条，包含3个维度，自我总结5条、自我学习4条和自我改进3条；E团队的编码条目数共9条，包含3个维度，自我总结3条、自我学习3条和自我改进3条；F团队的编码条目数共11条，包含3个维度，自我总结4条、自我学习3条和自我改进4条。团队成员自我反思意味着进行比较，考虑备选方案，从不同角度看问题并做出推论，6个团队的成员均具有自我反思的3个维度，即自我总结（FS1）、自我学习（FS2）和自我改进（FS3），编码条目数共67条。团队成员自我反思特征编码情况详见表3.7。

表3.7 案例团队成员自我反思特征编码

编号	范畴	原始资料语句（典型举例）
1	自我总结（FS1）	a412当遇到困难时，特别是与预期不同时，或出现突发事件时，与负责该工作的团队成员一起反思每个过程和细节来找出原因，并商议新的解决办法 b411思考自己的问题，要经常性地反思，以免影响之后环节的操作 c412当各自分享项目情况的时候，讨论某一个具体项目时，分析遇到问题的具体情况，应从哪些方面思考这个问题，该如何处理，处理结果如何等 d413在例会上，团队成员总结工作情况，在完成的订单中，以得到客户认可的订单分享自己的做法，反思有些订单完成了而有些方面可以做得更好些 e411团队成员各自总结之前没有完成的订单是否处理结束，这周有哪些方面做得不错，遇到了什么新的问题 f412每个成员分享自己的经历，不管是好的方面还是不足的地方都可以交流

表3.7（续）

编号	范畴	原始资料语句（典型举例）
2	自我学习（FS2）	a425 对自己负责的工作环节进行过程自我监管，回顾自己的工作情况，对当前的工作进行自我学习和指导 b424 重新理解任务的要求和目的，与以往的任务有哪些不同的地方，甚至会推倒重来 c422 在分享式会议过程中，不断地跟着各个项目思考和学习 d422 思考问题在哪里，从成员自身、客户、生产部门、物流配送等方面找原因，相互学习和帮助 e421 要理解公司的战略计划，更好地为客户推荐产品，对生产部门要精准地表述客户的需求，要懂技术，可以为客户提出合理建议 f422 有时参考过去类似的情况、别人处理问题的方式，会有效地帮助思考当前遇到的问题该如何处理
3	自我改进（FS3）	a433 思考自己在工作中哪里不合适、哪里有疏忽，然后及时调整，想出办法来做得更合理 b432 在执行任务之前要有充分的准备，从以往的经验和任务本身制订相应方案 c431 从自己查起，看看每个流程和完成过程的情况，为了避免后期的偏差，前期要想得更为周到 d432 客户的需求不能得到满足，比如货件延期、修整多次义齿佩戴使用仍不合适等，每次情况有不同的地方，就要多方面来思考解决 e431 团队成员作为业务员，其态度、责任心很重要，工作中要做好感情联络、多方沟通，表达能力很重要 f432 工作中，团队成员需要从自身找问题，看看在客户沟通中有什么可以改进的，然后针对不同的客户采用比较合适的维护客户关系的方式

3.3.3.3 团队自省探索性指标确定

West（2000）认为团队自省包括团队反思和团队适应，其中，团队反思是指"团队成员集体反思团队的目标、策略和过程，以及更广泛的组织和环境的程度"，团队适应是指"团队以目标为导向，与实现在反思阶段确定的团队目标、战略、过程、组织或环境的预期变化相关的适应性行为"。因此，团队自省由团队反思和团队适应组成，尤其在面对复杂和不可预测的环境时，具有团队自省认知过程的团队比其他团队学习更快，表现更好（West，2014）。基于Hinsz等人（1997）的信息处理模型，将团队自省中的团队反思构造描述为更细的维度，通过积极的信息寻求活动和信息评估活动来调节团队反思过程；团队自省的另一个维度团队适应，是团队在应对内外环境变化时进行的思考和采取的措施以维持团队有效性并实现进一步推进任务的过程（张钢等，2017）。

在研究中也发现某些经过深思熟虑的深刻反思的团队不能改善他们的绩效，因为他们没有充分地适应新的行为和过程（Konradt et al.，2016）。在复杂多变的环境中，团队自省能够使团队及时响应外界变化，以适应包含更多新元素的工作环境（Schippers et al.，2014）。在探索性案例研究中，更注意团队自省对团队任务完成过程遇到突发状态的解释。因此，团队自省探索性考察指标包括团队反思（ZX1）和团队适应（ZX2）两个维度。

3.3.3.4　案例团队自省描述

结合文献综述中关于团队自省的相关研究，在对6个团队的分析中，A团队的编码条目数共7条，包含2个维度，团队反思3条、团队适应4条；B团队的编码条目数共9条，包含2个维度，团队反思5条、团队适应4条；C团队的编码条目数共8条，包含2个维度，团队反思4条、团队适应4条；D团队的编码条目数共5条，包含2个维度，团队反思3条、团队适应2条；E团队的编码条目数共7条，包含2个维度，团队反思3条、团队适应4条；F团队的编码条目数共7条，包含2个维度，团队反思4条、团队适应3条。团队自省描述了团队思考他们的策略和行为以及调整他们的功能的程度，6个团队均具有团队自省的两个维度，即团队反思（ZX1）和团队适应（ZX2），编码条目数共43条。团队自省特征编码情况详见表3.8。

表3.8　案例团队自省特征编码

编号	范畴	原始资料语句(典型举例)
1	团队反思（ZX1）	a512团队在完成任务过程中发现任务难度比预期要高，这时就需要重新反思团队目标和执行计划，出现预料之外的情况及时沟通和讨论 b513在遇到问题讨论的过程中，团队成员更多针对具体项目来分析，提出的想法和方案更符合项目的实际情况，团队主管更多的是全盘考虑，诸多与项目相关的技术、环境、其他部门的情况 c512对于团队项目完成中的不足或遗漏，针对性地提出解决办法，尽可能减少损失 d512当遇到困难或紧急事情时，第一时间和团队主管商议如何处理，如果问题很棘手，团队主管会组织大家一起讨论，集体反思问题的根源是什么，哪个环节可能出现问题和导致发生这样的状况的原因 e511大家一起反思问题的原因，一起讨论和分析，可以提高团队解决问题的能力。团队的能力很强，成员相互建议可以得到更好的解决方案 f512在遇到问题时需要一起讨论，总结各自工作中出现的不足，这样的反思能让整个团队一起思考哪些方面可以改进，最要紧的是提高客户体验感和满意度，大家相互提醒、讨论、反思，对工作能力有很好的帮助

表 3.8（续）

编号	范畴	原始资料语句(典型举例)
2	团队适应（ZX2）	a523 出现问题或变化就要修正方案、目标等，因为涉及过程，特别是优化方案 b522 团队内讨论达成共识，形成新的方案或调整原有方案，动态性地适应各种变化或突发事件 c521 团队主管更多的是引导和协调，相互信任、共同商讨反思很重要，团队需要适应不断变化的需求 d521 团队成员商议后发现是患者的情况不能准确地传递给生产部门，如果两次修整还达不到要求，就会请生产部门的技术人员直接上门帮患者和医生看具体需要修整的点在哪里，现场讨论好修整方案，然后带回去定制 e522 团队在完成任务中要不断跟进新的技术和新的产品，这样才能更好地适应市场的能力，了解最新的技术和产品，也可以更好地帮助客户制订合适的治疗方案 f523 了解医生、患者的需求，共同商量利用各自资源，看看通过怎样的方法可以解决问题，往往非常有效

3.3.4　个体情绪智力、团队情绪智力特征

3.3.4.1　个体情绪智力的探索性指标确定

个体情绪智力是对情绪进行推理和对情绪增强思维的能力。它包括准确感知情绪的能力，获得和生成情绪以辅助思维的能力，理解情绪和情绪反应的能力，以及调节情绪以促进情绪和智力成长的能力（Johari et al.，2022）。个体情绪智力帮助人类理解和移情，而理性地让人们做出判断。为了实现组织目标，组织需要精力充沛、具有替代性和对工作充满激情的员工。积极的情绪状态有助于工作，因此团队成员需要具有识别自身和他人情绪的能力，以及很好的情绪调节能力。因此，在探索性案例研究中，团队成员个体情绪智力探索性考察指标包括情绪识别能力（IET1）和情绪调节能力（IET2）两个维度。

3.3.4.2　案例团队成员个体情绪智力描述

结合文献综述中关于团队成员个体情绪智力的相关研究，在对 6 个团队的分析中，A 团队的编码条目数共 6 条，包含 2 个维度，情绪识别能力 2 条、情绪调节能力 4 条；B 团队的编码条目数共 7 条，包含 2 个维度，情绪识别能力 3 条、情绪调节能力 4 条；C 团队的编码条目数共 7 条，包含 2 个维度，情绪识别

能力4条、情绪调节能力3条；D团队的编码条目数共8条，包含2个维度，情绪识别能力4条、情绪调节能力4条；E团队的编码条目数共7条，包含2个维度，情绪识别能力3条、情绪调节能力4条；F团队的编码条目数共8条，包含2个维度，情绪识别能力3条、情绪调节能力5条。个体情绪智力是对情绪进行推理的能力，以及对情绪增强思维的能力，6个团队的成员均具有个体情绪智力的两个维度，即情绪识别能力（IET1）和情绪调节能力（IET2），编码条目数共43条。团队成员个体情绪智力特征编码情况详见表3.9。

表3.9　案例个体情绪智力特征编码

编号	范畴	原始资料语句（典型举例）
1	情绪识别能力（IET1）	a612工作复杂、时间紧张，有时还会时不时改变计划，感觉工作压力大时，自己就很紧张 b611在自己负责的项目执行中要与不同部门沟通，有时其他部门对接的成员也很忙，就会延误进度，会焦躁感到不安 c614调研方案制订中特别是意见不合的时候，更要理解客户，需要明白客户的情绪状态，从客户的需求出发 d613深圳的客户都比较稳定，与诊所医生合作时会比较默契，很容易明白医生的要求 e611中山和珠海办事处合并，目前团队在重组中，作为主管要能从团队成员的需求理解他们，感受到他们的工作状态 f613福建和江西两个工作点的情况不一样，团队成员之间沟通需要能够互相理解，从他人所处的市场来分析就很好
2	情绪调节能力（IET2）	a622App出现问题要及时处理，工作中要与不同部门协调，任务重、时间紧时会很紧张、有压力，但要很快调整过来，否则会影响工作效率 b623一个人手上有3~4个项目时，会很焦虑，怕忙不过来耽误工作进度，这时需要调整工作状态和节奏，紧张而有序地完成工作 c621项目完成进度有期限，每个环节都不能落下，为了避免第二天的任务重叠使自己非常紧张繁忙，一般当天的工作加班完成 d624业绩考核压力很大，要学会自我调节工作状态，如果这个月任务没完成，就总结经验，下个月努力去完成，不能慌张而乱了工作节奏 e622某医院是我的服务对象，每周要去4~5次，要提早到医院，以免耽误医生工作而影响合作 f625刚刚开始开拓福建市场，竞争很激烈，有压力，我们需要更好地稳住老客户并寻找新客户，找到好的策略来完成工作

3.3.4.3　团队情绪智力的探索性指标确定

团队层面的情绪管理可能是群体规范和群体行为的促进结果，这些行为和规范允许成功地感知和管理群体层面的情感，即团队情绪智力（Druskat et al.，2001）。学术界给出了团队情绪智力的两种主要概念：一种概念是从团队社会化、建立规范和发展群体内关系中发展起来的能力（Ashkanasy，2003）；另一种概念类似于集体心理，团队开发了一种意识，并理解团队内部交互过程和团队与外部环境的关系（Jordan et al.，2002）。Druskat 和 Wolff（2001）认为，团队情绪智力是团队建立一套管理情绪过程的规范，从而培养信任、群体认同和群体效能的能力。他们将团队情绪智力理解为团队成员利用社交技能培养情绪管理规范的能力，从而使团队有效地处理任务，团队中的一群人利用各自思维、认知知识，以及直觉、情感知识对团队任务做出决策的过程。在团队情绪智力中，团队成员能意识到彼此的情绪，具有能够理解团队中普遍存在的情绪的能力（Ghuman，2011）。有效的团队情绪管理能使团队成功地应对面临的挑战，能更好地完成高难度团队任务。因此，在探索性案例研究中，团队情绪智力探索性考察指标包括团队理解能力（TET1）和团队协作能力（TET2）两个维度。

3.3.4.4　案例团队情绪智力描述

结合文献综述中关于团队情绪智力的相关研究，在对 6 个团队的分析中，A 团队的编码条目数共 5 条，包含 2 个维度，团队理解能力 3 条、团队协作能力 2 条；B 团队的编码条目数共 6 条，包含 2 个维度，团队理解能力 3 条、团队协作能力 3 条；C 团队的编码条目数共 6 条，包含 2 个维度，团队理解能力 2 条、团队协作能力 4 条；D 团队的编码条目数共 8 条，包含 2 个维度，团队理解能力 5 条、团队协作能力 3 条；E 团队的编码条目数共 5 条，包含 2 个维度，团队理解能力 3 条、团队协作能力 2 条；F 团队的编码条目数共 8 条，包含 2 个维度，团队理解能力 4 条、团队协作能力 4 条。团队情绪智力是对团队成员之间相互理解，能感知团队整体的情绪状况，以及有效情绪管理应对挑战的团队协作能力。6 个团队的成员均具有团队情绪智力的 2 个维度，即团队理解能力（TET1）和团队协作能力（TET2），编码条目数共 38 条。团队成员团队情绪智力特征编码情况详见表 3.10。

表3.10　案例团队情绪智力特征编码

编号	范畴	原始资料语句（典型举例）
1	团队理解能力（TET1）	a712 在团队工作中，大家一起克服困难，合理安排工作流程，齐心协力，一些有情绪的成员也会跟着一起进入工作状态 b711 在任务难、时间紧的情况下，团队内成员相互体谅和理解，在尽可能的情况下，优先合作完成最要紧的项目，大家不仅要做好自己负责的项目，还要帮助其他同事完成紧急的项目 c712 在制订调研方案中存在不确定因素时，团队成员会相互配合，利用各自的专业知识讨论出更合理的方案，工作不应受烦躁情绪或消极因素影响 d714 深圳的客户都比较稳定，但也会遇到一些突发情况，团队成员在微信群里沟通后相互探讨，共同解决问题，消除不安情绪 e712 中山和珠海办事处合并，目前团队还在重组中，团队成员间需要在磨合期互相理解和配合 f713 福建和江西两个办事处的情况不一样，团队主管在安排工作和考核时要充分考虑具体情况，需要与团队成员内部达成一致
2	团队协作能力（TET2）	a721 团队成员在工作中要形成相互信任的工作状态，才能集中精力更好地投入工作 b723 团队成员负责的项目比较集中的时候，会顾不过来，就需要其他成员的参与和帮助，主管会做好协调，大家一般都很配合 c724 项目执行过程中，每个环节都很重要，所以成员间相互配合和工作连贯性很重要 d723 业绩考核压力很大，团队中出现完成任务有困难的成员时，大家还是会一起想办法，有时利用自己的资源帮助其他成员完成订单 e721 在医院里蹲守的成员，进出医院办理其他事项不容易，就需要其他成员在外围帮忙处理相关事宜，一般都很顺利 f723 寻找新的客户是非常重要也是非常艰难的，大家要相互配合，分工协作，共同做好市场开拓

3.3.5　工作复杂性、任务难度影响作用

3.3.5.1　工作复杂性的探索性指标确定

工作复杂性是指一项工作的复杂和难以执行的程度，包括工作任务的难度、多面性和涉及高水平认知技能的使用程度（Morgeson et al.，2006）。工作复杂度指的是完成一项工作所需的难度和认知需求的数量。复杂程度较低的工作（如杂货店装袋工）不需要太多的脑力劳动或技能培养（Rosopa et al.，2019）。与此同时，高度复杂的工作（如工程师）往往更困难，需要更多的认

知资源（Rosopa et al.，2019）。也就是说，与简单工作相比，复杂工作对认知的要求更高，因为复杂工作对信息线索的整合和综合需求更大。对于高度复杂的工作，个人通常受益于成功地在很长时间内不受干扰地完成工作（Old-ham et al.，2016）。工作复杂性越来越被认为是当前工作具有重要动机结果的关键知识特征，复杂的工作具有精神上的挑战，员工需要研究新的策略来完成这些工作（Rosopa et al.，2019）。挑战感可以帮助员工"更加努力，成功地满足工作要求"，并将产生更大的创造力。在高度复杂的工作中，员工有更多的机会去探索新的想法，寻找新的解决方案和方法，解决工作中的非常规问题（Marinova et al.，2015）。同时，复杂的工作更具有精神上的挑战性，需要使用不同的高级技能和发展新的技能（Morgeson et al.，2006），以解决具有挑战性的工作要求（Audenaert et al.，2017）。因此，复杂的工作通常需要员工付出额外的或持续的体力、精神和情感上的努力（Li et al.，2017）。在探索性案例研究中，注意团队成员工作本身的挑战性和完成过程中的应对能力。因此，团队成员工作复杂性探索性考察指标包括工作挑战性（FZ1）和工作能力要求（FZ2）两个维度。

3.3.5.2　案例团队成员工作复杂性描述

结合文献综述中关于团队成员工作复杂性的相关研究，在对6个团队的分析中，A团队的编码条目数共9条，包含2个维度，工作挑战性5条、工作能力要求4条；B团队的编码条目数共6条，包含2个维度，工作挑战性3条、工作能力要求3条；C团队的编码条目数共8条，包含2个维度，工作挑战性4条、工作能力要求4条；D团队的编码条目数共9条，包含2个维度，工作挑战性4条、工作能力要求5条；E团队的编码条目数共7条，包含2个维度，工作挑战性3条、工作能力要求4条；F团队的编码条目数共7条，包含2个维度，工作挑战性3条、工作能力要求4条。工作复杂性是指一项工作的复杂和难以执行的程度，具有精神上的挑战性和使用不同的新技术的工作能力要求，6个团队的成员均具有工作复杂性的两个维度，即工作挑战性（FZ1）和工作能力要求（FZ2），编码条目数共46条。团队成员工作复杂性特征编码情况详见表3.11。

表3.11　案例团队成员工作复杂性特征编码

编号	范畴	原始资料语句（典型举例）
1	工作挑战性（FZ1）	a812工作中需要懂文案写作，理解项目运营要求，对于技术知识水平有要求 b813不仅需要专业知识，更需要经验的积累 c812在项目全过程把控质量，有可能客户自己有数据库、市场背景条件不同造成偏差 d812订单都是个性化的，不仅要有经验积累，也要思考客户当前真正的需求是什么，怎么为客户制订合适的方案 e811珠海办事处没有加工厂，团队成员要负责好义齿的调改工作，对技术要求高 f812在发生一些疑难问题时要用足够的技能来帮助客户解决，节约运输往返的时间
2	工作能力要求（FZ2）	a823很好地表述问题，与技术部门探讨解决方案。与领导、团队同事或其他部门同事相处都要有很好的人际交往能力 b822要通过条件设置找到合适的受访者和目标市场 c821与客户一起做好比对和自查，核对每个环节中可能会影响结果的细节，比对数据采集时样本选取是否合适，设定筛选条件是否不同。找到原因后把两边数据设置为同等条件，重新处理，直到符合客户的需求 d821不但要重视沟通，而且要不断学习、熟悉公司的产品、材质，学习数字化仪器使用，辅助医生制订治疗方案，等等 e822平时要注重学习和自身技术的提升。在工作中做好沟通，与医生合作满足患者要求。做不了调改的要送到工厂里去解决 f823多和业务熟悉的团队成员学习，汲取他们的经验，注意自身积累

3.3.5.3　团队任务难度的探索性指标确定

团队任务不仅决定团队在整个组织工作流程中的地位，也决定团队在资源交换关系中的地位。团队任务不仅是团队存在的基础，也是团队互动的决定性因素（张钢等，2019）。团队任务难度的理解来自感知项目复杂性，由许多不同的相互关联的部分和要素组成，如任务内容、任务组成部分和团队成员间的相互依赖程度（Vegt et al.，2000）。Baccarini（1996）最早提出团队任务难度的概念，认为团队任务由许多不同的相互关联的部分组成。Mikkelsen（2020）认为，团队任务难度是导致项目的突发性和挑战项目管理的要素之间的相互关联。也有学者认为，团队任务难度是由许多不同的相互关联的部分和要素组成的实体，如任务、组成部分和相互依赖（Bakhshi et al.，2016）。在团队任务难度研究中发现，意外的突发行为和特征，使得项目变得越来越复杂，任务难度增加（Cristobal et al.，2018）。团队任务难度提高了信息处理和协调的需求，阻碍了共同规范的建立，削弱了信任，增加了任务的风险（Vidal et al.，2008；Bjorvatn et al.，2018）。在探索性案例研究中，更注意团队任务完成过程中的不确定性和由内外变化带来的风险性。因此，团队任务难度探索性考察指标包括不确定性（ND1）和风险性（ND2）两个维度。

3.3.5.4　案例团队任务难度描述

结合文献综述中关于团队任务难度的相关研究，在对 6 个团队的分析中，A 团队的编码条目数共 6 条，包含 2 个维度，不确定性 3 条、风险性 3 条；B 团队的编码条目数共 8 条，包含 2 个维度，不确定性 4 条、风险性 4 条；C 团队的编码条目数共 6 条，包含 2 个维度，不确定性 3 条、风险性 3 条；D 团队的编码条目数共 5 条，包含 2 个维度，不确定性 3 条、风险性 2 条；E 团队的编码条目数共 8 条，包含 2 个维度，不确定性 3 条、风险性 5 条；F 团队的编码条目数共 5 条，包含 2 个维度，不确定性 3 条、风险性 2 条。团队任务难度可以理解为相互关联的不同元素的数量和异质性的动态任务所带来的不确定性和风险性，6 个团队均具有任务难度的两个维度，即不确定性（ND1）和风险性（ND2），编码条目数共 38 条。团队任务难度特征编码情况详见表 3.12。

表 3.12　案例团队任务难度特征编码

编号	范畴	原始资料语句（典型举例）
1	不确定性 （ND1）	a911 要衔接运营部门和技术部门，需要懂技术、"懂市场"才能通过沟通、协调来完成相应的任务，否则很容易造成工作中的疏忽和错误 b913 几乎每天都有意外或突发事件，比如招募的人员不对，有客户的要求发生变化，增加调研项目和内容，调整调研的目的 c912 团队负责与客户沟通，了解客户的需求，接下订单，帮助客户制订个性化的调研方案，并随时有调整方案的情况发生 d912 虽然任务是常规的，但是完成每个订单需要懂技术并很好地理解客户的个性化需求 e912 团队在融合过程中，会有很多不确定性，但要保证业务照常开展，客户是最重要的 f911 销售人员需要掌握义齿加工的相关技能，应对患者产生的不同问题
2	风险性 （ND2）	a922 团队负责的任务出现大的差错，可能会给公司造成很大的损失。随时会发生突发事件，团队要时刻准备应对，也很紧张，也很有压力感 b922 调研项目执行中出现偏差会影响后期研究部的报告撰写 c923 每个调研方案都是定制化的，要符合客户的需求，对调研结果的预测要求比较高 d922 特别是遇到催款这项任务，难度比较大，即便有事先合同也仍然是个难题 e924 任务流程的每个环节都很重要，一旦出现差错就会带来多方的损失 f921 信息的核对和传递非常重要，要和医生核对好信息，要和生产部门沟通好要求，以免信息误传

3.4 探索性案例研究的结论及初始命题

3.4.1 团队正念与个体创造力的关系

在对团队案例资料进行分析时发现，团队正念影响团队成员个体创造力的路径分为6个。A团队案例中，团队正念对团队成员个体创造力影响的编码条目数共15条；B团队案例中，团队正念对团队成员个体创造力影响的编码条目数共17条；C团队案例中，团队正念对团队成员个体创造力影响的编码条目数共14条；D团队案例中，团队正念对团队成员个体创造力影响的编码条目数共14条；E团队案例中，团队正念对团队成员个体创造力影响的编码条目数共14条；F团队案例中，团队正念对团队成员个体创造力影响的编码条目数共16条。共计90条。团队正念对团队成员个体创造力的影响维度及编码条目示例详见表3.13。

表3.13 案例团队正念对个体创造力的影响维度及编码条目示例

编号	关系维度	原始资料语句（典型举例）
1	TZ1—EC1 体验性对相关技能的影响（13）	a11—a21感受到大家在相互配合帮助中，学会了一些新的技能或新的软件使用方法 c11—c21工作压力大，感受团队内信息互通，面对问题时听取他人的建议，帮助自己梳理思路，改进工作方式 d11—d21处理意外事件需要非常好的交际能力、沟通能力、专业知识，以及不断积累的经验
2	TZ1—EC2 体验性对创新思维的影响（19）	b11—b22在团队互动讨论中，各自发表观点，执行调研任务时经常出现意料之外的情况，在相互提示中会产生新的想法 c11—c22在正式或非正式场合的交流，从中感受到团队内帮助和相互提示换个视角考虑问题，拓展思维 e11—e22团队成员在相互交流过程中，相互帮忙从不同角度分析客户不满意的点，也与医生沟通了解患者的需求，大家一起出主意、想办法
3	TZ2—EC1 关注当下对相关技能的影响（13）	a12—a21在解决问题讨论过程中，鼓励大家发表意见畅所欲言，并综合其他部门或领导的建议，促进团队学习 b12—b21每项调研任务都不一样，出现的问题有些没有共性，需要用新的方法，大家集中关注具体项目的问题才能促进彼此学习和使用新的技能 c12—c21在客户需求发生变化或项目进行中遇到了问题，就需要集中精力来关注这个新情况，会促进成员思考用新的更好的技术解决问题

表 3.13（续）

编号	关系维度	原始资料语句（典型举例）
4	TZ2—EC2 关注当下对创新思维的影响（15）	b12—b22关注具体调研项目的情况，团队成员一起商量，从不同角度关注问题本身，提出各自想法，会提升创新思维能力 d12—d22当客户不满意的时候，更要多方面考虑如何解决客户的问题，大家一起分析才能有好的办法和解决问题的思路 e12—e22团队成员间关系很融洽，这是很不容易的，大家都很珍惜，集中精力解决问题才能有好办法
5	TZ3—EC1 不加评判处理对相关技能的影响（13）	a13—a21在分析问题时，每个人的观点都会有可取之处，相互学习对提高技能很有帮助 d13—d21团队讨论的时候，大家分享各自的想法并相互学习，分析市场的变化和交流技术上的改进 e13—e21团队氛围非常好，每周在学习培训会上，大家认真分享各自的情况，对遇到的问题在讨论过程中会有不同观点，相互尊重和倾听，发现自己的不足
6	TZ3—EC2 不加评判处理对创新思维的影响（16）	b13—b22团队分享和讨论，能帮助大家在项目调研执行过程中从不同视角来思考问题，提高创新能力 c12—c22每次遇到的问题都会不一样，没有标准的答案可以查询，畅所欲言地找到新的灵感，更有效地解决问题是关键 f12—f22团队成员遇到问题时如果一时解决不了，就要和大家一起讨论，在相互提示和建议下从另一个角度思考，用之前没有想到过的思路来解决问题

对于在案例团队分析中团队正念表现出的特征，从案例分析中可以看到，团队遇到突发事件时，比如客户需求、市场情况出现变化，要求团队成员集中精力根据自己负责的工作及时发挥创造力做出反应，并且在团队正念的体验性感知、关注当下和不加评判处理中受到鼓舞，获得能动性，充分发挥自己的创造力。从案例团队的团队正念和团队成员个体创造力每个维度的分析中可见，在实际工作场所中，团队正念可以促进团队成员个体创造力的提升。结合各个团队的维度分析，详见表3.13，本研究初步提出：

命题3.1　团队正念对团队成员个体创造力有正向影响的作用。

3.4.2　团队正念、自我反思和个体创造力的关系

根据A团队案例资料的分析，当团队成员在执行任务时遇到困难，特别是当实际情况与预期的情况不同，出现突发事件和问题时，一定要集中精力思考

整个过程的每个细节，思考是不是当初设定的目标有问题或执行过程有问题，在团队共同商讨过程中促进个体的反思和自我评估，找到问题产生的原因就能提升自身的创新能力和解决问题的技能。

根据B团队案例资料的分析，在完成项目过程中，团队成员各自有分工，要与不同部门协商，当团队成员遇到任务执行受阻或不能推进、工作困难时，一定会与团队其他成员、主管、上级领导一起商量，在共同商讨中思考自己在工作中是不是有疏漏或错误的地方，通过反思重新审查调研问卷、逻辑的设计等，然后与客户沟通，从与客户达成共识来思考如何设定条件更合理，一定会有新的思路和方法来更好地推进项目的实施。

根据C团队案例资料的分析，在工作中，团队成员需要具有沟通能力和数据处理能力，要不断地学习，提升工作能力。在每周的项目例会上，各自汇总自己的问题和情况与大家分享，团队成员彼此借鉴经验和知识，思考自己项目中出现的情况是不是可以换一种思路来解决。团队氛围很好，有好的办法或新的点子也毫无保留地与大家分享，不仅促进自己进步，也促进其他成员进步，会想出新的办法来解决和处理各种问题。

根据D团队案例资料的分析，团队成员都有各自负责的客户，在执行订单过程中会遇到很多突发事件或意外情况，大家一起帮着想办法，自己也要全面分析哪些做法或沟通方式不合适、不合理。在每周五的例会上，大家一起分享各自成功之处，会有很多启发，并促进新的想法的产生。大家相互学习和帮助，随机应变能力、灵活性会增强。

根据E团队案例资料的分析，大家在工作中最担心加工周期延误。当遇到加工周期延误的情况时，一定要分析并反思是什么原因导致延迟，是业务员送模具没有及时跟踪，还是加工难度大而需要的周期长，积极了解情况，与客户沟通，并做好总结，积累经验，提高工作能力和创新能力。团队成员相互分享，氛围比较好，很融洽。有的团队成员技术好，会帮助其他成员，使大家的技术水平都得到提升。

根据F团队案例资料的分析，团队成员要时常沟通，互相帮助和出主意，一起讨论调改方案时总结各自的情况。在互动中如果发现不足，可以借鉴其他成员的处事办法，会有启发并产生新的想法。义齿加工是技术活，义齿都是个性化定制的，团队成员相互交流学习和接受培训提高技能很重要。工作中与客户频繁沟通很重要，只有懂技术才能得到客户信任。团队内沟通交流、相互鼓励可以增强工作信心、工作动力和创造力。

在探索性案例分析中，成员自我反思在团队正念与团队成员个体创造力之间发挥中介作用。案例分析具体示例如图3.1所示，以此，本研究初步提出：

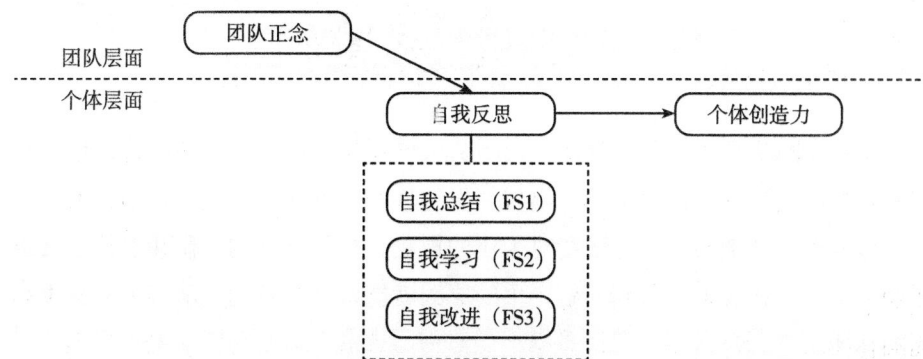

A 团队案例典型示例：团队成员在执行任务时遇到困难，特别是当实际情况与预期的情况不同时，一定要集中精力思考整个过程的每个细节，思考是不是当初设定的目标有问题或执行过程有问题，在团队共同商讨过程中促进个体的反思和自我评估，找到问题产生的原因就能提升自身的创新能力和解决问题的技能

B 团队案例典型示例：在大家共同商讨中思考自己在工作中是不是有疏漏或错误的地方，重新审查调研的问卷、逻辑的设计等，然后与客户沟通，从与客户达成共识来思考如何设定条件更合理，一定会有新的思路和方法来更好地推进项目的实施，以避免后期的偏差

C 团队案例典型示例：在每周的项目例会上，团队成员各自汇总自己的问题和情况与大家分享，团队成员彼此借鉴经验和知识，思考自己项目中出现的情况是不是可以换一种思路来解决，有好的办法或新的点子也毫无保留地分享，促进自己进步，也促进其他成员进步，会想出新的办法来解决和处理各种问题

D 团队案例典型示例：在执行订单过程中会遇到很多突发事件或意外情况，大家一起帮着想办法，自己也要全面分析哪些做法或沟通方式不合适、不合理。在每周五的例会上，大家一起分享各自成功之处，会有很多启发，并促进新的想法产生，相互学习和帮助

E 团队案例典型示例：最担心加工周期延误，当遇到加工周期延误的情况时，一定要分析并反思是什么原因导致延迟，积极了解情况，与客户沟通，并做好总结积累经验，这样才能提高工作能力和创新能力。团队成员相互分享，氛围比较好，很融洽，有的团队成员技术好，会帮助其他成员，使大家的技术水平都得到提升

F 团队案例典型示例：团队成员要时常沟通，互相帮助和出主意，一起讨论调改方案时总结各自的情况。在互动中，如发现不足，可以借鉴其他成员的办法，会有启发并产生新的想法。义齿加工是技术活，义齿都是个性化定制的，团队成员相互交流学习和接受培训提高技能很重要，能增强工作信心、工作动力和创造力

图3.1　案例团队成员自我反思的中介作用机制探索

命题 3.2　团队正念正向影响团队成员自我反思。

命题 3.3　自我反思促进团队成员个体创造力提升。

命题 3.4　自我反思在团队正念和团队成员个体创造力之间发挥中介作用。

3.4.3　团队正念、个体情绪智力和个体创造力的关系

根据 A 团队案例资料的分析，当团队成员在执行任务时遇到困难，特别是当实际情况与预期的情况不同，出现突发事件和问题时，一定要集中精力思考整个过程的每个细节，注意情绪对工作的影响，保持良好的工作状态，学会自我调节适应工作要求，找到问题产生的原因就能提升自身的创新能力和解决问题的技能。

根据 B 团队案例资料的分析，在完成项目过程中，团队成员各自有分工，要与不同部门协商，当团队成员遇到任务执行受阻或不能推进、工作困难的时候，会产生烦躁不安的情绪，需要有很好的自我调节能力，相信一定会有新的思路和方法来更好地推进项目的实施。

根据 C 团队案例资料的分析，在工作中，团队成员需要具有沟通能力和数据处理能力，要不断地学习，提升工作能力。在工作中善于学习是改善情绪很好的办法，促进自己进步，也促进其他成员进步，会想出新的办法来解决和处理各种问题。

根据 D 团队案例资料的分析，团队成员都有各自负责的客户，在执行订单过程中会遇到很多突发事件或意外情况，如果措手不及就容易误事，需要集中精力就发生的问题本身来思考，会产生新的想法，随机应变能力、灵活性会增强。

根据 E 团队案例资料的分析，大家在工作中最担心加工周期延误，会很焦虑，影响情绪，不好的情绪不利于工作，要理解遇到的困难并积极地应对。

根据 F 团队案例资料的分析，工作的地点离深圳比较远，运输、加工等方面都不方便，团队成员遇到问题不能解决就会影响客户关系管理，积极提高自身技术能力是很好的办法。

在探索性案例分析中，成员个体情绪智力在团队正念与团队成员个体创造力之间发挥中介作用。案例分析具体示例如图 3.2 所示，以此，本研究初步

提出：

命题 3.5　团队正念正向影响团队成员个体情绪智力。

命题 3.6　个体情绪智力促进团队成员个体创造力提升。

命题 3.7　个体情绪智力在团队正念和团队成员个体创造力之间发挥中介作用。

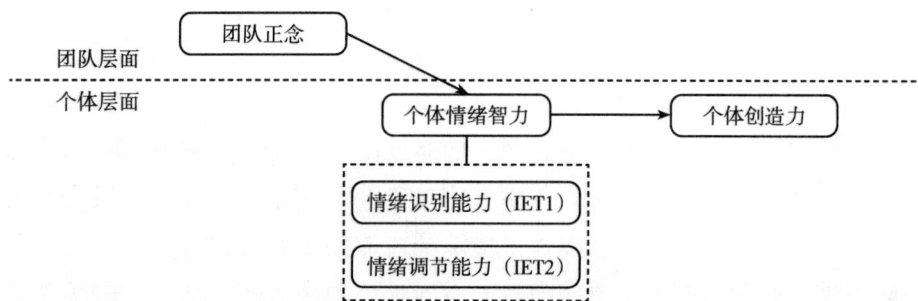

A 团队案例典型示例：当出现突发事件和问题时，一定要集中精力思考整个过程的每个细节，注意情绪对工作的影响，保持良好的工作状态，学会自我调节适应工作要求

B 团队案例典型示例：当产生烦躁不安的情绪时，需要有很好的自我调节能力，相信一定会有新的思路和方法

C 团队案例典型示例：在工作中善于学习是改善情绪很好的办法，促进自己进步，也促进其他成员进步，会产生新的想法来解决和处理各种问题

D 团队案例典型示例：当遇到突发事件或意外情况时，如果措手不及就容易误事，需要集中精力就发生的问题本身来思考，产生新的想法，随机应变能力、灵活性会增强

E 团队案例典型示例：大家在工作中最担心加工周期延误，会很焦虑，影响情绪，不好的情绪不利于工作，要理解遇到的困难并积极地应对

F 团队案例典型示例：团队成员遇到问题不能解决就会影响客户关系管理，积极提高自身技术能力是很好的办法

图 3.2　案例团队成员个体情绪智力的中介作用机制探索

3.4.4　团队成员工作复杂性的影响作用

A 团队的成员负责新产品的维护和新产品的研发，工作具有挑战性，团队成员不仅要有专业技术，而且会面临各种变化和突发事件，工作复杂性高。工作复杂性高就会有压力，比如一个成员负责的 App 出现问题要及时找到原因，

和同事们、领导商量，有时就是一个很小的程序错误，可是找到它却很不容易，反思整个App运作，大家集中精力思考，从不同角度找原因，这时经验很重要，直觉也很重要，要及时调整情绪，保持比较好的工作状态，在思考中提升处理问题的能力，以及思维的创新和拓展。工作复杂性还表现在时间紧张上，往往有几项工作同步进行，只有合理安排，动脑筋，有序地规划，才能按时按质完成工作。

B团队的成员负责调研项目整个过程的跟进，要与客户沟通，与公司其他部门协调，每个调研项目都有不同的要求，工作复杂性高。在项目跟进过程中，每个部门完成的工作都有严格的时间限制，哪个环节延迟了都会带来很多不确定因素，一旦客户不满意，就会给公司带来损失，所以对B团队的成员沟通协调能力和处理突发情况的应变能力要求很高。在工作复杂性高的情况下更要考虑采用新的技术或数据处理的方法。另外，团队成员需要理解自己和他人的情绪，增强自我情绪调节能力，识别工作的复杂性，更需要工作细致、多方沟通协调，以及有很强的时间概念和有效的工作方法。

C团队的成员负责了解客户需求，与客户沟通，接下订单，帮助制订满足客户需求的个性化调研方案，需要相当的工作经验和沟通能力，工作复杂性高。从技术层面、市场信息获取、调研方法到调研逻辑设计，在给客户制订方案过程中，要全方位考虑清楚，以得到客户的认可。当遇到复杂的问题时要和团队其他成员或领导商量想办法，调整好工作状态，彼此理解和信任，促使团队成员思考非常规思路来设计调研方案，以达到客户的要求。当遇到突发事件时，在团队讨论中获取新的灵感，从客户的视角、市场的视角考虑，构想多种不同的方案，可以增加应变性和灵活性。每一次的积累、思考和改进都非常重要，有助于提高工作能力和工作有效性。

D团队的成员负责客户关系管理，市场变化、竞争都会带来各种工作复杂性。例如，一个团队成员负责5个消费群体，每个义齿定制方案都是个性化的，患者情况各有不同，需要非常精准的治疗方案。当工作中遇到客户投诉或义齿调改一直不能使患者佩戴舒适，回款不能及时收到，都会产生压力。工作复杂性高，有时不是一个人能解决的，要理解自己的能力和团队其他成员的情况，团队的互动支撑非常重要，并主动请教和应用新的思路和办法解决问题，以生产实际和患者佩戴是否舒适来考虑需求，确定更合理的方案。

E团队的成员负责珠海和中山两个市场，团队成员负责客户关系管理，同时对于义齿技术的学习和掌握有要求。技术的发展和更新，公司战略的调整，还有市场变化、竞争情况都会带来各种工作复杂性。E团队的团队成员需要具备相当的技术，实际帮客户解决问题，了解患者、医生的需求，然后临床测试、调改，给出合理的建议。在工作中要准确传递和表达信息，将客户的需求准确无误地传递给生产工厂。当工作复杂、任务紧时，团队成员一起商量，共同想办法解决具体问题，互相帮助，毫无保留，形成很好的工作氛围，这种氛围也会帮助大家理解彼此，并调整好情绪状态投入工作中，大家在反思中提升自己的能力，并注重积累和学习新的技术，以及结合公司的发展战略服务好市场。

F团队负责福建和江西（包括厦门、福州、南昌）市场，团队成员负责市场宣导、市场开发、应收账款回款、临床操作服务。虽然工作内容很明确，但是订单是个性化的，要根据具体情况进行执行，而且市场变化、竞争都会带来各种工作复杂性。公司产品定位比较高，厦门没有义齿加工工厂，要找对合适的客户。团队成员都是技术型的，能解决义齿的调改工作，一旦发生疑难问题也能帮客户解决好，尽可能减少来回运输的时间。公司设备全，产品丰富，信任自己也信任团队中其他成员，并且赢得客户的信任。工作复杂性高能带给大家更多的挑战和激励，使大家提高服务能力和解决问题的技能。

案例分析中，工作复杂性高能促进团队正念对自我反思的正向影响，也能促进自我反思在提升个体创造力中的中介效应。案例团队的工作复杂性在团队正念、自我反思和个体创造力关系中的调节作用机制分析如图3.3所示，以此，本研究提出初步命题：

命题3.8 工作复杂性调节团队正念和自我反思之间的关系。

命题3.9 工作复杂性调节团队正念和个体情绪智力之间的关系。

命题3.10 工作复杂性调节自我反思的中介作用。

命题3.11 工作复杂性调节个体情绪智力的中介作用。

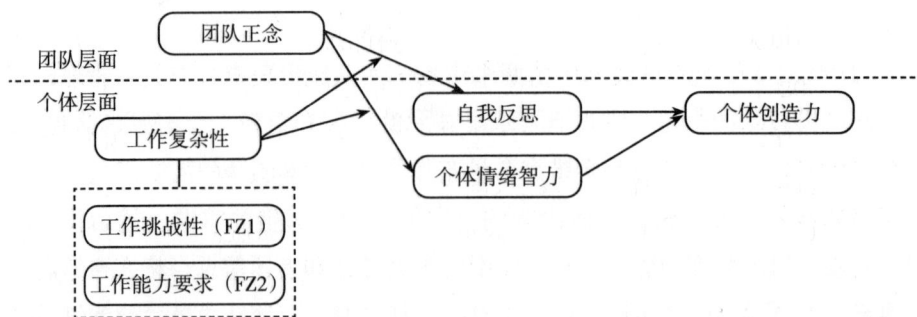

图3.3 案例团队成员工作复杂性的调节作用机制

3.4.5 团队正念与团队创造力的关系

在对团队案例资料进行探索性分析时发现，团队正念影响团队创造力的路径分为9个。A团队案例中，团队正念对团队创造力影响的编码条目数共25

条；B团队案例中，团队正念对团队创造力影响的编码条目数共27条；C团队案例中，团队正念对团队创造力影响的编码条目数共25条；D团队案例中，团队正念对团队创造力影响的编码条目数共27条；E团队案例中，团队正念对团队创造力影响的编码条目数共24条；F团队案例中，团队正念对团队创造力影响的编码条目数共24条。共计152条。团队正念对团队创造力的影响维度及编码条目示例详见表3.14。

表3.14 案例团队正念对团队创造力的影响维度及编码条目示例

编号	关系维度	原始资料语句（典型举例）
1	TZ1—TC1 体验性对团队参与的影响（16）	a11—a31团队成员之间有分工、有合作。当遇到问题时，团队成员相互之间需要反复沟通和协作。当任务难度大时，除团队成员内部沟通讨论，还需要团队与团队之间、团队与上级领导之间共同参与商量解决方案 c11—c31团队采用项目管理制，在项目进行过程中，需要与团队内部其他成员合作，也需要与其他部门协作，比如与项目执行部关联度很高，在交流互动中都会参与项目具体问题的解决 e11—e31团队在重新组合过程中，要注重团队的管理，业务要正常开展，团队成员之间互动促进共同的融合
2	TZ1—TC2 体验性对信息交流的影响（17）	b11—b32团队主管每天都会了解每个项目推进的情况，有问题就及时请几个团队成员一起交流 c11—c32当出现突发情况或意外时，团队会迅速做出反应，及时和主管、其他成员讨论，有利于信息交流，并及时联系客户和相关部门 f11—f32突发事件是常有的，比如货件配送不及时，工作失误造成货件受损、遗失等情况，团队内部要交流，互通信息
3	TZ1—TC3 体验性对团队学习的影响（19）	a11—a33在为解决问题而讨论的过程中，鼓励大家发表意见，畅所欲言，并综合其他部门或领导的建议，促进团队学习 d11—d33团队任务执行过程中，团队成员的沟通能力非常重要，还需要懂技术，这样才有能力与医生和患者沟通，帮助客户共同制义齿治疗方案 f11—f33团队成员在共同解决问题的过程中，会学习到义齿加工制作等新的技术和市场动态
4	TZ2—TC1 关注当下对团队参与的影响（16）	b12—b31与客户共同创建方案，关注方案的每个细节，思考客户的需求，做足准备工作，然后负责的团队成员能更顺利地与客户对接 c12—c31在项目出现突发情况时，分析问题的情况，邀请相关成员参与解决，项目统筹者也会介入协调，尽快解决问题 e12—e31当团队遇到困难或紧急情况时，集中精力思考问题产生的原因和现状，团队成员参与讨论，共同关注问题

表 3.14（续）

编号	关系维度	原始资料语句（典型举例）
5	TZ2—TC2 关注当下对信息交流的影响（17）	c12—c32 当遇到紧急事件时，任务进度或计划被打乱，感到压力，关注问题本身进行讨论和交流，会更有效地想出新的办法 d12—d32 团队成员各自特长有差异，遇到问题时可以共同商量，相互帮忙出主意 e12—e32 当团队遇到困难或紧急情况时，大家关注当下的问题，一定需要相互交流才能拓宽思维
6	TZ2—TC3 关注当下对团队学习的影响（18）	a12—a33 在工作中出现意外情况，大家都会分享各自的经历和想法，相互学习，集中讨论，一起想解决办法 b12—b33 在解决特定问题时，有经验的团队成员会分享自己的经验，帮助其他成员改善工作方法 f12—f33 当团队遇到困难或紧急情况时，针对之前没有遇到过的情况要充分讨论分析，相互学习，找到合适的方式处理
7	TZ3—TC1 不加评判处理对团队参与的影响（15）	b13—b31 大家在讨论时，不要相互评论，而应积极地仔细听取团队成员的解释和真正的意思，这样团队成员会更加投入讨论 d13—d31 团队中会有不同的想法、意见，不能墨守成规，支持团队成员去提一些意见，认为不合理的，也先思考一下，这样做或那样做可能是思路不同、看问题的角度不同，集思广益才能更好地处理问题 f13—f31 团队中会出现不一致的想法，有时会不合理，如果相互埋怨和批评，就会阻碍团队成员更多地参与和发表想法
8	TZ3—TC2 不加评判处理对信息交流的影响（18）	a13—a32 建议和意见本身不会是绝对合理的，每个人的出发点不同，看问题的视角不一样，相互倾听和交流更能促进思考 c13—c32 团队内出现不一致的想法是很正常的，不做评价，相互倾听思考，才能更好地交流 e13—e32 团队中会有看似离谱的想法，此时应放弃个人的见解，仔细听取团队成员的解释和真正的意思，这样会促进信息交流和得到很好的启发
9	TZ3—TC3 不加评判处理对团队学习的影响（16）	b13—b33 团队把精力集中到问题本身，提出方案后各自分工，有的软件需要学习的相互教一下，或是向其他部门（如技术部门）的成员去学习 d13—d33 在发生突发情况时，团队主管会协调团队其他成员一起关注这个问题，共同参与学习和讨论，及时处理意外事件 f13—f33 大家畅所欲言，没有约束和批判的讨论可以促进团队思考，思考的过程就是在听取其他人的见解，共同学习进步

对于在案例团队分析中团队正念表现出的特征，在访谈沟通中了解到，团

队在完成任务过程中都会遇到不同的意外事件和突发情况，需要团队很快进入集中解决问题的状态，对团队应对能力、适应能力有很强的要求，在短时间内发挥创造力，迅速给出解决方案。从案例分析中可以看到，团队遇到突发事件，比如客户需求、市场情况出现变化，要求团队及时发挥创造力做出反应，团队体验到突发事件和问题，及时关注当下的问题，并且在讨论中各抒己见，不做评判性处理，这种团队认知过程有利于团队创造力的提升。从案例团队的团队正念和团队创造力每个维度的分析中可见，团队正念可以在真实的工作环境中促进团队创造力。结合各个团队的维度分析详见表3.14，本研究初步提出：

命题3.12 团队正念对团队创造力有正向影响的作用。

3.4.6 团队正念、团队自省和团队创造力的关系

根据A团队案例资料的分析，A团队是KR公司的产品运营部，在处理突发问题时，团队成员之间频繁互动并共同参与项目推进。团队成员一起关注当下的问题，通过讨论、研讨、例会等形式来审查当前任务的推进情况，就出现的问题全方面讨论，反思完成任务过程中的每个环节，找到问题产生的根本原因，讨论时相互尊重和认真倾听，不相互评价，只寻找合适的解决途径来应对出现的新问题、新现象，发挥团队创造力，更好地修整方案、优化工作方法等。

根据B团队案例资料的分析，B团队是KR公司的项目执行部，团队成员各自有分工，并且要与不同部门协商，遇到技术方面问题找技术部，需要受访者信息找样本部，遇到功能性问题找产品部，遇到订单问题找销售部。遇到突发事件，团队成员之间一起商讨，根据要求对相对应的环节一一仔细排查，每一处都集中精力反思。反思之前的问题，关注当下问题应如何处理。团队内讨论达成共识，形成新的方案或调整原有方案，动态性地适应各种变化或突发事件。摒弃原有的想法，重新关注有没有不合理的地方，以寻求合理的办法。

根据C团队案例资料的分析，C团队是KR公司的研究部，属于生产和支持性的部门，以知识服务为主，为企业内部和客户提供服务和支持，与项目执行部关联性高。在遇到问题时，团队成员集中精力思考讨论，就问题本身进行充分的分析，提出各自的看法，即便感觉不合理的想法也要尊重，而不妄加评

判，有时看似不合理的想法只是转换了思考的角度。这样的讨论会促进大家反思和提出适应性解决方案，在经验的积累中提高应变能力。

根据D团队案例资料的分析，D团队是KTJ公司的市场营销团队，当出现意外情况，比如客户流失，就要集中分析是产品问题、销售团队问题，还是售后没有做好。这时相互埋怨是毫无意义的，只有共同商讨解决办法，认真反思任务完成中的每个环节，分析是哪个环节出了问题，才能想出解决的办法，最终满足客户的需求。

根据E团队案例资料的分析，E团队是KTJ公司的市场营销团队，负责中山和珠海两个市场，属于半技术型部门。遇到意外事件是常态，寻找问题产生的根源，大家一起想办法解决。业务团队有固定的客户，每个订单都是个性化制作，技术要求高。如果客户不满意投诉，团队就必须及时处理，临床配合解决问题。团队成员有不同的想法时主管要很好地协调，团队成员相互帮助、相互探讨，与技术部门沟通，这样就可以解决问题，共同提高应变能力。

根据F团队案例资料的分析，F团队是KTJ公司的市场营销团队，团队遇到问题，如果不能面对面沟通，就通过网络联系，非常便捷，在微信群里大家能群策群力。比如货件出现延误，一方面要和客户解释，另一方面要与技术部门联系，最主要的是负责人员要懂技术，很多问题能临床解决，不需要来回周折。针对团队内出现的不合理的想法或做法，原则性问题要立刻指出，其他的都可以讨论，看似不合理的其实换个视角反而是解决问题的好办法。团队内团结互助很重要，帮助其他成员反思工作中的问题和出现问题的原因，然后想出对策和办法，使大家能有很好的应变能力。即便办事处在异地，遇到问题也觉得有团队做支撑，可以更好地发挥团队的力量和智慧。

在探索性案例分析中，团队自省在团队正念和团队创造力之间起中介作用。案例团队中，团队自省在团队正念与团队创造力之间的中介作用机制分析如图3.4所示，以此，本研究初步提出：

命题3.13 团队正念正向影响团队自省。

命题3.14 团队自省促进团队创造力的提升。

命题3.15 团队自省在团队正念和团队创造力之间发挥中介作用。

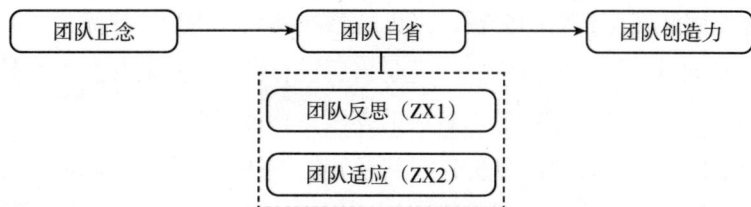

图3.4　案例团队自省的中介作用机制探索

3.4.7　团队正念、团队情绪智力和团队创造力的关系

根据A团队案例资料的分析，在处理突发问题时，团队成员之间频繁互动并共同参与项目推进，团队成员间要相互信任、彼此认同，才能更好地共事，发挥团队创造力，更好地修整方案、优化工作方法等。

根据B团队案例资料的分析，团队成员各自有分工，并且要与不同部门协商，遇到突发事件是常态，团队成员间不能彼此埋怨，这样更耽误工作，要齐心协力就出现的问题来讨论，团队内讨论达成共识，形成新的方案或调整原有方案，动态性地适应各种变化或突发事件。

根据C团队案例资料的分析，在遇到问题时，团队成员集中精力思考讨论，就问题本身进行充分的分析，相互理解和协作对应对突发状况很重要，这样能够促进大家提出适应性解决方案，在经验的积累中提高应变能力。

根据D团队案例资料的分析，当出现意外现象，比如客户流失，就要集中分析是产品问题、销售团队问题，还是售后没有做好，这时相互埋怨是毫无意义的，只有共同商讨，才能想出解决的办法，满足客户的需求。

根据E团队案例资料的分析，遇到意外的事件是常态，团队成员之间相互帮助、相互探讨，与技术部门沟通，这样才能解决问题，共同提高应变能力。

根据F团队案例资料的分析，团队遇到问题，如果不能面对面沟通，就通过网络联系，在微信群里大家能群策群力，共同就问题本身来分析，各自放弃自己的不满情绪，团队内团结互助很重要，是解决问题很好的途径。

在各团队探索性案例分析中，团队情绪智力在团队正念和团队创造力之间发挥着中介作用。案例团队的团队情绪智力在团队正念与团队创造力关系的中介作用机制分析如图3.5所示，以此，本研究初步提出：

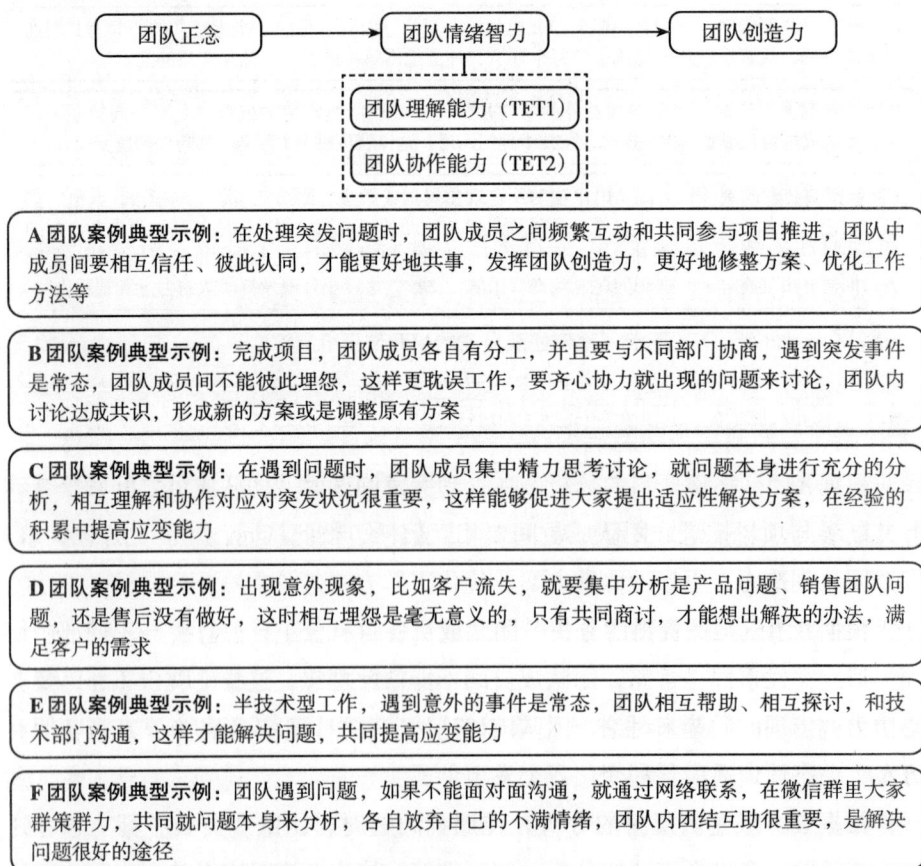

A团队案例典型示例：在处理突发问题时，团队成员之间频繁互动和共同参与项目推进，团队中成员间要相互信任、彼此认同，才能更好地共事，发挥团队创造力，更好地修整方案、优化工作方法等

B团队案例典型示例：完成项目，团队成员各自有分工，并且要与不同部门协商，遇到突发事件是常态，团队成员间不能彼此埋怨，这样更耽误工作，要齐心协力就出现的问题来讨论，团队内讨论达成共识，形成新的方案或是调整原有方案

C团队案例典型示例：在遇到问题时，团队成员集中精力思考讨论，就问题本身进行充分的分析，相互理解和协作对应对突发状况很重要，这样能够促进大家提出适应性解决方案，在经验的积累中提高应变能力

D团队案例典型示例：出现意外现象，比如客户流失，就要集中分析是产品问题、销售团队问题，还是售后没有做好，这时相互埋怨是毫无意义的，只有共同商讨，才能想出解决的办法，满足客户的需求

E团队案例典型示例：半技术型工作，遇到意外的事件是常态，团队相互帮助、相互探讨，和技术部门沟通，这样才能解决问题，共同提高应变能力

F团队案例典型示例：团队遇到问题，如果不能面对面沟通，就通过网络联系，在微信群里大家群策群力，共同就问题本身来分析，各自放弃自己的不满情绪，团队内团结互助很重要，是解决问题很好的途径

图3.5 案例团队情绪智力的中介作用机制探索

　　命题3.16　团队正念正向影响团队情绪智力。

　　命题3.17　团队情绪智力促进团队创造力提升。

　　命题3.18　团队情绪智力在团队正念和团队创造力之间发挥中介作用。

3.4.8　团队任务难度的影响作用

　　A团队的任务是新产品的维护和研发，相当具有挑战性。团队成员不仅要有专业技术，而且会面临各种变化和突发事件，任务难度很高。接到任务就要求大家思考任务的目的、要求、可行性、需要的技能等，完成任务的初步方案时也要集中关注可能出现的问题，任务越难越会促进大家思考，团队内部互相理解，并能很好合作，在有条不紊、严谨地完成每一步后都进行反思和讨论，提升团队工作有效性，使用户对产品满意，并能为用户解决问题。

　　B团队的任务是执行调研，对接客户和受访者，与公司其他部门协调完成调研。每一项调研任务都是一个新的挑战，要求都不一样，即便全方位设计好流程，仍会存在不确定性和风险。在任务开始前，团队成员要充分了解项目的要求和目的，制订可行的方案，在项目执行过程中要不间断地与客户、相关部门协商和讨论，进行头脑风暴，把各种情况都考虑到，并准备好应对方案。任务难度大会成为一种动力，大家齐心协力把任务做好，团队内相互体谅和理解，在尽可能的情况下先共同完成最要紧的项目，提升团队工作能力和解决问题的创造力，为客户服务，满足客户的需求。

　　C团队的任务是制订满足客户需求的个性化调研方案。在任务难、压力大的情况下，团队内部和外部保持信息互通非常重要，大家不仅仅在正式场合中讨论，平时在非正式场合中也时常分享自己面临的问题，听取他人的建议，相互帮助梳理思路，每次项目出现问题都是团队非常好的学习过程，团队进行集体反思，记下这次问题的解决过程和结果，团队成员相互配合，利用各自的专长一起商量更合理的方案，不能因为烦躁或抱怨影响工作，要积累经验，为今后工作提供思路，提升团队应变能力和创造力。

　　D团队的任务是对外客户关系维护和售后服务。义齿加工制作都是个性化定制，每位患者的情况不一样，医生的情况也不一样。D团队的任务不仅是传递信息，还需要掌握相当的专业技能，任务难度较高。D团队成员需要对义齿加工生产熟悉，能够在接到订单时做好审核工作，以判断公司能否加工，审核医生取模的情况和治疗方案是否合理可行。在压力下，大家都有学习的动力，并且会注重团队合作，相互帮助，反思任务执行过程中的每个环节，更有效、有针对性地找到问题的根源，团队成员在微信群里沟通后相互出主意，共同解决问题，消除不安情绪，大家共同思考会有更好的解决方案。

E团队的任务是负责中山和珠海两个地区的市场客户关系维护，团队成员要求半技术型员工，既要懂市场也要懂技术。市场是动态变化的，技术也在不断提升或改进，任务难度高，对团队成员的要求也高。平时义齿的调改工作都是由团队成员直接完成的，节省了来回周折的时间，在任务难度高的情况下，团队要有很强的应对能力，目前团队在重组中，团队成员需要在磨合期互相理解和配合，这需要平时多思考、多积累、多交流互动，分享各自的经验，相互帮助，共同解决技术问题。

F团队的任务是负责福建和江西两个地区的市场客户关系维护，福建有厦门和福州两个办事处，江西有南昌一个办事处。由于三个办事处不在同一地，给团队管理和任务完成都增加了难度。例如，在厦门的一个大医院里驻点的义齿生产加工公司有好几个，要以优质产品和服务增强竞争力，赢得客户的信赖。任务难度很大，团队成员需要相互配合，在医院里临床服务，配合医生做好取模工作，并帮助医生制订合适的治疗方案，团队其他成员配合做好其他工作。当出现问题时，如医生或者患者不满意，团队成员共同讨论反思，要能够用合适的办法解决好。大家要相互配合，分工协作，共同做好市场开拓，团队共同协作，只有每个环节都不耽误才能做好客户维护。

在案例分析中，任务难度高更能促进团队正念对团队自省的正向影响，任务难度高也能促进团队情绪智力在提升团队创造力的中介效应。案例团队的任务难度在团队正念、团队情绪智力和团队创造力关系之间的调节作用机制分析如图3.6所示，以此，本研究初步提出：

命题3.19 任务难度调节团队正念和团队自省之间的关系。

命题3.20 任务难度调节团队正念和团队情绪智力之间的关系。

命题3.21 任务难度调节团队自省的中介作用。

命题3.22 任务难度调节团队情绪智力的中介作用。

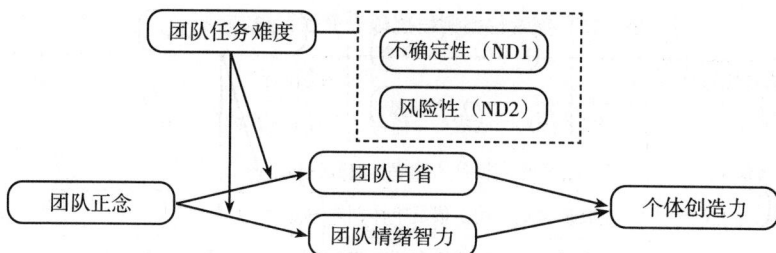

A 团队案例典型示例：会面临不同的变化和突发事件，任务难度很高。任务难会促进大家更多地思考目前的任务，团队内部互相理解，并能很好地合作，在有条不紊、严谨地完成每一步后都进行反思和讨论，提升团队工作有效性，使用户对产品满意，并能为用户解决问题

B 团队案例典型示例：每一项调研任务都是一个新的挑战，存在不确定性和风险。适时调整执行方案，在探讨过程中进行头脑风暴，任务难度大会成为一种动力，大家齐心协力把任务做好，团队内相互体谅和理解，在尽可能的情况下先共同完成最要紧的项目，提升团队工作能力和解决问题的创造力，为客户服务，满足客户的需求

C 团队案例典型示例：个性化调研方案，在任务难的情况下，团队内部和外部保持信息互通非常重要，听取他人的建议，相互帮助梳理思路，团队进行集体反思，是团队非常好的学习过程，团队成员相互配合，利用各自的专长，不能因为烦躁或抱怨影响工作，积累经验，为今后工作提供思路，提升团队应变能力和创造力

D 团队案例典型示例：任务不仅是传递信息，而且需要掌握相当的专业技能，任务难度较高。在压力下，大家都有学习的动力，并且会注重团队合作，相互帮助，反思任务执行过程中的每个环节，更有效、有针对性地找到根源，团队成员在微信群里沟通后相互出主意，共同解决问题，消除不安情绪，大家共同思考会有更好的解决方案

E 团队案例典型示例：市场是动态变化的，技术也在不断提升或改进，任务难度高，对团队成员要求也高，在任务难度高的情况下，团队要有很强的应对能力，这需要平时多思考、多积累，团队内多交流互动，目前团队在重组中，团队成员需要在磨合期互相理解和配合，分享各自的经验，相互帮助共同解决技术问题

F 团队案例典型示例：由于三个办事处不在同一地，给团队管理和任务完成都增加了难度。当出现问题时，如医生或者患者不满意，团队成员共同讨论反思，要能够用合适的办法解决好。大家要相互配合，分工协作，共同做好市场开拓，团队共同协作，只有每个环节都不耽误才能做好客户维护

图 3.6　案例团队任务难度的调节作用机制探索

3.4.9　探索性案例研究假设命题汇总

子研究一探索性案例研究假设命题汇总详见表 3.15。

表3.15　探索性案例研究假设命题汇总

编号	命题序号	假设命题内容
1	命题3.1	团队正念对团队成员个体创造力有正向影响的作用
2	命题3.2	团队正念正向影响团队成员自我反思
3	命题3.3	自我反思促进团队成员个体创造力提升
4	命题3.4	自我反思在团队正念和团队成员个体创造力之间发挥中介作用
5	命题3.5	团队正念正向影响团队成员个体情绪智力
6	命题3.6	个体情绪智力促进团队成员个体创造力提升
7	命题3.7	个体情绪智力在团队正念和团队成员个体创造力之间发挥中介作用
8	命题3.8	工作复杂性调节团队正念和自我反思之间的关系
9	命题3.9	工作复杂性调节团队正念和个体情绪智力之间的关系
10	命题3.10	工作复杂性调节自我反思的中介作用
11	命题3.11	工作复杂性调节个体情绪智力的中介作用
12	命题3.12	团队正念对团队创造力有正向影响的作用
13	命题3.13	团队正念正向影响团队自省
14	命题3.14	团队自省促进团队创造力提升
15	命题3.15	团队自省在团队正念和团队创造力之间发挥中介作用
16	命题3.16	团队正念正向影响团队情绪智力
17	命题3.17	团队情绪智力促进团队创造力的提升
18	命题3.18	团队情绪智力在团队正念和团队创造力之间发挥中介作用
19	命题3.19	任务难度调节团队正念和团队自省之间的关系
20	命题3.20	任务难度调节团队正念和团队情绪智力之间的关系
21	命题3.21	任务难度调节团队自省的中介作用
22	命题3.22	任务难度调节团队情绪智力的中介作用

第4章　团队正念对个体创造力作用机制研究：
工作复杂性的调节作用

4.1　研究概述

如前所述，创造性观点是由团队成员个体提出的，团队创造力源于团队成员个体创造力（West et al., 1996），团队成员个体创造力是团队创造力的根基，团队成员在完成工作中通过协同互动形成团队创造力（Choi, 2004）。个体创造力的影响因素有个体因素，也有其他方面的因素，比如团队层面的工作状态和认知过程对团队成员个体创造力的影响作用。团队正念所表现出的团队工作状态，诸如充分的体验性，团队成员感知到团队的工作特征和认知过程，集中精力关注当下，不加评判地处理，以寻求更合理的解决方案，这对于团队成员的个体创造力有很好的促进作用。本研究根据社会信息加工理论，应用跨层次的研究方法，主要聚焦于团队正念对团队成员个体创造力影响机理探索的研究（见图4.1）。首先，本研究探讨团队正念对团队成员个体创造力的影响；其次，探讨了自我反思和个体情绪智力在团队正念与个体创造力之间的中介作用；再次，本研究验证团队成员工作复杂性对团队正念与自我反思之间关系的调节作用，以及工作复杂性对团队正念—自我反思—个体创造力这一间接过程的调节作用；最后，本研究验证团队成员工作复杂性对团队正念与个体情绪智力之间关系的调节作用，以及工作复杂性对团队正念—个体情绪智力—个体创

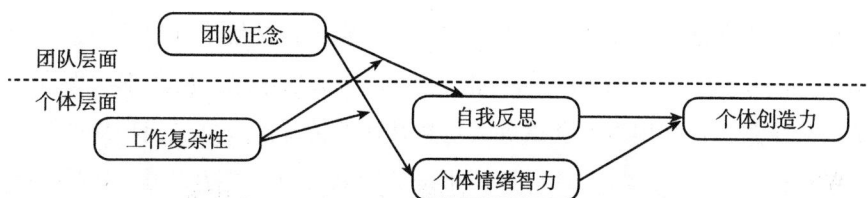

图4.1　组织正念对个体创造力作用机制研究模型

造力这一间接过程的调节作用。

4.2　理论与研究假设

4.2.1　相关理论

Salancik 和 Pfeffer（1978）提出了社会信息加工理论（social information processing theory）。该理论认为，个体的活动和行为不是独立存在或发生的，会受到所处的复杂社会情境因素的影响。该理论认为，人们在适应社会环境的过程中，一方面是所处的社会环境提供了各种影响人们态度、行为的信息，人们通过处理周围的社会信息来更好地理解工作环境；反过来，这个信息处理过程塑造了人们随后的态度和行为。另一方面，当面对不确定、模棱两可和复杂的社会环境时，人们会更多地依赖社会环境提供的信息，从而调整自己的工作态度和行为（Salancik et al.，1978）。社会信息加工理论认为，人们的态度和行为不仅由自身的需要和目标决定，而且在很大程度上还受到周围社会环境的影响（De Dreu et al.，2011；邹艳春等，2018）。

社会信息加工理论解释了外在因素如何影响个体态度和行为的机制，个体对工作环境的不同理解会导致不同的态度和行为。该理论揭示了个体所处的外部环境的重要作用。当团队成员感知到工作复杂性高和不确定因素高时，会更依赖团队工作状态中感知到的线索来调整自己的态度和行为（戴万亮等，2021；周建涛等，2018）。当团队工作状态不积极时，会传递一种消极反馈的外在信息，不利于团队成员投入工作发挥创造力，需要构建积极的团队工作特质和认知过程，在遇到突发情况和事件时，团队仍能保持良好的甚至更好的工作状态，以集中精力解决当下的问题（Yang et al.，2018）。

4.2.2　团队正念对个体创造力的直接影响效应

团队正念是指一个团队对新出现的问题辨别歧视性细节并迅速对这些细节做出反应的集体能力（Sutcliffe et al.，2016）。团队正念，就其本质而言，是一个团队注意到正在出现的、微妙的信息并随着情况的发展做出反应的联合能力（Weick et al.，1999）。具有集体正念的团队有五个相互交织的特征（Sutcliffe et al.，2016），一是对失败的关注，不断关注工作中的风险和隐藏的缺陷；二是不愿简化解释，积极地挑战现状以寻求更好的替代方案；三是对操作的敏感性，实时彻底了解工作流程；四是承诺弹性，熟练地处理并从错误中学习；五是尊重专业知识，利用所有成员的专业知识来做决定。具有集体正念的团队促使团队成员将关于如何优化工作流程和结果视为职业规范，而不是人际冲突的迹象（Yu et al.，2018）。因此，团队正念为知识共享建立了一个安全和尊重的环境，允许成员利用集体的专业知识来改善团队运作。

创造力的广义定义为一种由个人特征、认知能力和社会环境的特定组合所产生的行为（Amabile，1983），创造力的狭义定义为具有产生新颖和适当想法的能力（Sternberg et al.，1996）。在组织环境中，员工创造力是指以新的更好的方式做事，或产生与流程、服务、方法、产品或问题解决方案相关的有用想法，为组织发展做出贡献（Woodman et al.，1993；Zhou et al.，2001）。创新和有用的解决方案是通过员工参与创造性行为的迭代过程产生的（Gilson et al.，2013）。创造性过程通常包括几个步骤，从识别问题、构建假设、与他人头脑风暴，到挑战现状（Torrance，1988）。参与创造性过程需要员工从身体上、认知上和情感上寻求对已确定问题的更好解决方案（Kahn，1990）。Zhang 和 Bartol（2010）解释了创造性过程，员工参与创新相关的方法或过程，包括问题识别、信息搜索和编码，以及想法和替代生成（Ma et al.，2021）。Baer 等人（2003）指出，提高员工创造力是组织获取竞争优势的必要步骤，员工建议新的和有用的产品、想法或程序能够成为组织未来发展的可操作的基础。本章将研究团队正念对团队成员个体创造力的跨层次影响。

Amabile（1983）提出的创造力成分理论强调了员工产生创造性结果所必需的社会和心理成分（如协作的团队合作和支持的主管）的重要性。有研究考察了不同正念水平对创造力思维和逻辑思维的影响，表明正念对需要创造力的顿悟问题解决有积极作用（Capurso et al.，2014）。并且有研究发现，正念对发散性和收敛性创造性都具有积极影响（Hafenbrack，2017）。正念被发现与创造力必不可少的过程有积极的联系（Colzato et al.，2012）。团队正念促使团队成员通过观察注意各种刺激的能力（Zhou et al.，2017），以完全的意识集中注意力并采取行动，对自己和他人的观察进行非评价性的语言描述，以激发团队成员个体创造力的发挥，包括发散性思维和创造性思维的提升（Ngo et al.，2020）。由此，本研究提出假设1。

假设1　团队正念对个体创造力具有跨层次正向影响。

4.2.3　团队成员自我反思的中介作用

4.2.3.1　团队正念与自我反思的关系

根据Grant等人（2002）对个体反思的研究，将自我反思定义为个体定期回顾其工作目标和方法的程度。因为反思性通常指的是批判性的反思（Dewey，1933），通过这种反思，个人检查和质疑他们的基本假设或根深蒂固的价值观。Harrington和Loffredo（2011）亦指出，反思是一种将经验转化为学习的机制，通过检查一个人的态度、信念和行动，以促进未来更好地选择或做出反应，是分析过去和当前经验的过程，以便在未来更有效地运作（Hao et al.，2016）。社会信息加工理论指出，个体不仅被外部环境所塑造，而且会对外界刺激做出反应（Salancik et al.，1978）。通过不断自我反思，个体在处理问题时能更加灵活地思考和行动（Grant et al.，2002）。因此，自我反思作为个体认知和改善的重要方法，可以帮助个体找到合适的问题，产生各种各样的想法，并使用合适的标准来评价和改进具体的想法。自我反思是个体对自己的思想、行为、结果和情绪的回顾、判断和总结，可以提高员工创造力（Wang et al.，2019）。互动中的团队正念是基于活动和常规的，这些活动和常规旨在提供机会来质疑预期和行为常规，并在互动中唤起对环境的意识（Kirkman et al.，2020）。正念团队所营造的工作氛围使团队成员在遇到突发情况、意外事件等时更愿意听取他人的建议，在自我总结、自我学习和自我改进的自我反思过程中提升创造力。

正念可以被视为行动反思的先决条件（Jordan et al.，2009）。他们认为，正念是由一些意外元素触发的，团队正念在某种程度上是团队遇到意外事件和不稳定情况做出反应（Kirkman et al.，2020），在团队成员互动中唤起对环境的意识。正念团队所营造的工作氛围使团队成员在遇到突发情况、意外事件等时更愿意听取他人的建议进行自我总结、自我学习和自我改进的自我反思过程。团队正念能帮助团队成员集中精力和增强成员的注意力到他们的每时每刻的经历。Langer（1989）强调，正念具有对来自外部环境的知觉输入的主动认知操作，如创造新的类别和寻求多个视角。为了构思新的和有用的想法，个人需要通过反思目标和工作过程来识别问题和解决方案（Matsuo，2018），进而提升个体创造力。团队正念可能会激励成员重新评估他们工作过程的有效性和适宜性，并寻找新的解决问题的办法。由此，本研究提出假设2。

假设2　团队正念对自我反思具有跨层次正向影响。

4.2.3.2　自我反思与个体创造力的关系

自我反思是个体作为自身行动的支配者，其会思索所从事活动的意义，审视与反思自身思维、行动和效能的状况，并在特定条件下对自我认知做出修正。通过自我反思，个体在处理问题时的思考和行为更有灵活性（Grant et al.，2002）。因此，自我反思可以帮助个体识别正确的问题，产生多种想法，并使用适当的标准来评价和细化具体的想法（王智宁等，2018）。

根据Kolb（1984）的经验学习模型，对工作经验的反思是通过经验获得知识和技能的必要步骤，是员工成长的一部分，并提升员工的创造力。Matsuo（2018）指出，反思是一种将经验转化为学习的机制，通过检查一个人的态度、信念和行动，以促进未来更好地选择或反应，并提升创造力。研究结果表明，创意的产生和创意的评价在创造性思维过程中交替呈现（Hao et al.，2016），用外部标准对自己的产品进行评价可能会降低创造力，也许因为担心自己的表现是否满足外部标准所以会降低内在动机（Silvia et al.，2004），而内在动机对创造性认知至关重要（Amabile et al.，2009）。然而，在不考虑外部标准的情况下，对自我产生的想法进行评估会产生新的想法，想法产生和想法评价及反思有助于创造性想法的发展（Hao et al.，2016）。研究发现，自我反思的个体可能比其他人具有更强的动机去寻求意义和提升自己的智慧以发挥创造力（陈浩彬等，2021）。由此，本研究提出假设3。

假设3　自我反思正向影响团队成员个体创造力。

4.2.3.3　自我反思在团队正念与个体创造力关系中的作用

基于假设2和假设3，自我反思在团队正念和个体创造力关系中有可能发挥传递作用。正如Bandura（2001）所指出的，人不仅是行动的代理人，也是自身功能的自我检查者，自我反思被认为是自我调节的重要动机（Bandura，1997）。然而，人们可能会以不同的方式进行反思，这取决于他们对效能的看法。高效率的人在面对挫折和挑战时可能会进行反思，以帮助他们以更好的方式尝试，提高个体自身的创造力。团队正念通过影响员工的自我反思（Bandura，2001），进而提升团队成员个体创造力水平。自我反思的概念最初侧重于积极的自我反思，对任何知识或信仰形式进行持久、仔细和积极的考虑

(Dewey，1933)。大多数反思的概念都涉及一种批判性质疑的认知过程，关注"自我"和与自我相关的事物，比如观察和经验（Matthew et al.，2009）。团队正念帮助团队成员集中精力关注当下，思考问题本身，发现问题根源所在，对任何想法和建议都不要评判，就问题本身进行思考，促进团队成员进行自我反思。反思被认为对适应和自我发展很重要（Dewey，1933），反思与对新体验的开放、工作场所学习和适应性行为，如预期计划、问题解决、恢复过程和促进健康的行为有关（Hao et al.，2016）。因此，在团队正念的作用下，自我反思完成了团队成员对自我体验和分析过程，包括批判性思维、问题属性和外部因素，以应对一个不明确的问题的不同解决方法的接纳，这种自我反思的构建可能提供了一种走向专业知识的方法，从而促进团队成员在专业领域中的创造力激发和提升（Kirkman et al.，2020）。由此，本研究提出假设4。

假设4 自我反思在团队正念与团队成员个体创造力之间发挥中介作用。

4.2.4 团队成员个体情绪智力的中介作用

4.2.4.1 团队正念与个体情绪智力的关系

个体情绪智力（individual emotional intelligence）被认为是一种认知智力的能力（Mayer et al.，2004），也有研究学者认为个体情绪智力是可被概念化的个人性格或特质功能（Petrides et al.，2003）。两种观点从不同的视角来理解个体情绪智力，可以理解为适应性情绪功能的互补维度（Schutte et al.，2011）。有研究结果表明，更高水平的正念与更高的积极情绪、生活满意度和更低的消极情绪有关（Neubauer et al.，2005）。正如Brown等人（2007）所指出的，正念增加了当前体验的清晰度和生动性，鼓励与生活更密切、更及时的感官接触，并增强了自我调节功能，这种功能伴随着对心理、身体和环境线索的持续注意敏感性。团队正念的核心是关注当下、体验性和不加评判处理，能够使员工用实事求是的方式处理工作中遇到的问题，调整好自己的工作状态和情绪，因此，团队正念对个体情绪智力有正向积极影响。由此，本研究提出假设5。

假设5 团队正念对个体情绪智力具有跨层次正向影响。

4.2.4.2 个体情绪智力与个体创造力的关系

高水平个体情绪智力，无论是从特质视角还是从能力视角，都被发现与各种积极的结果有关，比如与积极的情感和生活满意度（Schutte et al.，2011）。情绪智力较高的员工对工作的投入程度更高（Smith，2009），更自信，能更有效地调整自己的情绪，面对困难的时候能保持乐观的态度，更好地发挥自身的创造力。个体情绪智力关乎情绪的推理能力、思维能力，包括对情绪的准确感知、获取和生成情绪的辅助思维，理解和调节情绪，从而促进情绪和智力成长的能力，帮助员工更集中精力投入工作的能力，以及激发员工个体创造力的能力（Johari et al.，2022）。由此，本研究提出假设6。

假设6 个体情绪智力正向影响团队成员个体创造力。

4.2.4.3 个体情绪智力在团队正念与个体创造力关系中的作用

依据假设5和假设6，个体情绪智力在正念和更高的积极情绪、更低的消极情绪以及更高的生活满意度之间发挥中介作用（Schutte et al.，2011）。Koole（2009）指出，正念有助于情绪调节的发展。因此，团队正念的核心方面可能使个体更有可能发展出包括情商在内的能力，团队正念的体验性、关注当下和不加评判处理方面应该使个体更有可能获得对自己和他人情绪的准确理解，团队正念可以鼓励个体准确地感知自己和他人的情绪，并有效地调节情绪（Schutte et al.，2011）。团队正念与个体情绪智力的情绪管理部分有关，意识到当前的情绪可能有助于及时控制情绪（Miao et al.，2021）。情绪智力高的员工能有效调整自己的情绪状态，保持乐观的态度，有助于更有效地思考问题进而发挥自身的创造力。由此，本研究提出假设7。

假设7 个体情绪智力在团队正念与团队成员个体创造力之间发挥中介作用。

4.2.5 工作复杂性的调节作用

4.2.5.1 工作复杂性在团队正念与自我反思之间关系的调节作用

工作复杂性被定义为一项工作的多面性和难以完成的程度，越来越被认为是当前工作具有重要动机结果的关键知识特征（Shalley et al.，2009）。复杂的工作具有精神上的挑战，员工需要研究新的策略来完成这些工作，研究新策略的过程就是员工自我反思的结果（Vila-Vazquez et al.，2020）。团队成员在面临具有挑战性、复杂性的工作时，团队正念能发挥更大的作用，进而更能促进团队成员自我反思。在复杂且具有挑战性的工作中，团队正念的体验性、关注当下、不加评判处理能使员工为了解决复杂、具有挑战性的工作而进行全方位的自我总结、自我学习和自我改进的自我反思过程。

高度复杂的工作刺激以改变行为为导向（Marinova et al.，2015），高度复杂的工作是多方面的，并提供更大的创造力潜力。在高度复杂的工作中，员工有更多的机会去探索新的想法，寻找新的解决方案和方法，解决工作中遇到的新问题（Shalley et al.，2009）。团队正念促进团队成员在解决问题的过程中关注当下，从而提高员工在工作高度复杂的背景下自我反思的能力。由此，本研究提出假设8。

假设8　工作复杂性在团队正念与自我反思之间发挥着跨层正向调节作用，工作复杂性越高越能在正念团队中促进自我反思，反之越弱。

4.2.5.2　工作复杂性在团队正念与个体情绪智力之间关系的调节作用

复杂性较高的工作存在一定的挑战性，同时要求从事该工作的员工具有相应的知识储备、智力水平、处理复杂问题的能力（李懿等，2018），以及应对挑战的勇气和信心等。可见，工作复杂性不仅是工作特征的表现，也是个体的主观感知。复杂性较高的工作需要员工有更好的认知能力和解决问题的方法（Tierney et al.，2002）。在工作复杂性作用下，团队成员更能集中精力关注当下，摒弃其他因素的干扰，发挥团队正念的作用，以更好地理解自身、他人的情绪，并有效管理和控制情绪，提升个体情绪智力水平。由此，本研究提出假设9。

假设9　工作复杂性在团队正念与个体情绪智力之间发挥着跨层调节作用，工作复杂性越高越能在正念团队中促进个体情绪智力，反之越弱。

4.2.5.3　工作复杂性调节自我反思的中介作用

如前所述，高复杂性的团队成员所负责的工作激活了团队正念在处理和应对突发事件、市场变化和新情况时的能力（Marinova et al.，2015）。因此，当团队成员所负责工作的复杂性高时，团队正念的不加评判处理的特点更有可能帮助团队改善互动状态（Sutcliffe et al.，2016），进而加强团队正念对团队成员自我反思的积极影响，团队成员自我反思有助于提升团队成员个体创造力（Hao et al.，2016）。相反，当团队成员感知工作复杂性水平较低时，团队正念在处理和应对突发事件、市场变化和新情况中的作用无法有效激活，团队正念在团队成员自我反思方面所发挥的促进效果随之降低。当自我反思水平较低时,团队成员个体创造力水平得不到提升。由此,本研究提出假设10。

假设10 工作复杂性能调节团队正念、自我反思、个体创造力的关系,即当工作复杂性高时,团队正念通过自我反思对团队成员个体创造力的正向影响越强,反之越弱。

4.2.5.4 工作复杂性调节个体情绪智力的中介作用

如前所述,当团队成员所负责工作的复杂性高时,团队正念关注当下的特点更有可能帮助团队成员将精力集中到具体问题上,促进个体情绪智力的情绪管理和情绪控制,消除在遇到复杂工作时的消极情绪带来的负面影响,进而加强了团队正念对团队成员个体情绪智力的积极影响(Schutte et al.,2011),团队成员个体情绪智力有助于提升团队成员个体创造力(Wong et al.,2002;Connor et al.,2017)。相反,当团队成员体验到工作复杂性水平低时,团队正念对于他们在处理和应对突发事件、市场变化和新情况时的作用无法被有效激活。由此,团队正念在团队成员个体情绪智力方面所发挥的促进效果随之降低。当个体情绪智力水平较低时,团队成员个体创造力水平将得不到提升。由此,本研究提出假设11。

假设11 工作复杂性能调节团队正念、个体情绪智力、个体创造力的关系,即当工作复杂性高时,团队正念通过个体情绪智力对团队成员个体创造力的正向影响越强,反之越弱。

4.3 研究方法

4.3.1 数据收集

本研究于2021年4月至2021年8月期间完成所有变量的调查。调查的企业涵盖国有企业、中外合资企业、民营企业等所有制形式。调查问卷包括:团队主管版调查问卷和团队成员版调查问卷。团队主管版调查问卷包括团队正念、团队创造力、团队自省、团队任务难度、团队成员个体创造力,以及公司基本背景信息、主管个人信息和团队信息。团队成员版调查问卷包括自我反思、工作复杂性以及团队成员个人信息。问卷设计为团队主管与团队成员相关变量匹配。

本研究的数据收集有两种方法：市场调查公司的调研和研究小组的社会关系调查，以下对这两种方法的调查步骤进行说明。

第一种方法为市场调查公司的调研，具体步骤为：第一步，联系调研公司，说明调研要求和目的，沟通调查问卷设计的条件和要求；第二步，设计问卷，做到团队主管与团队成员匹配设计，一个团队为一组数据，包括一条团队主管链接和10条团队成员链接，团队主管与团队成员一一匹配；第三步，通过设置条件招募问卷受访者，共30个团队进行小样本测试；第四步，收回问卷，后台做好数据记录和整理。

第二种方法是研究小组的社会关系调查，具体步骤为：第一步，筛选社会关系中满足要求填写问卷的对象；第二步，联系该对象，对调研目的进行说明，征求其同意后发送问卷链接，一个团队为一组数据；第三步，借助调研公司的数据链接，将问卷发放给受访者，告知其填写注意事项及要求收回时间；第四步，收回问卷，后台做好数据记录和整理。

参与调查人员以及参与调查的社会关系，在调查过程中与著者保持密切且顺畅的沟通，保证调查信息的有效性，问卷收集整理后反馈给著者。

通过上述两个渠道，有效回收32家企业问卷，共104个团队，其中96个团队为有效样本，有效回收率为92.31%。

4.3.2　研究对象

本研究的分析层次为团队层到个体层的跨层分析，重点考察跨层作用机理。本研究对象以团队为单位。根据图4.1研究模型，本研究共有5个研究变量。为了控制同源误差带来的影响，本研究中的团队正念和个体创造力由团队主管填写，自我反思、个体情绪智力和工作复杂性由团队成员填写，为了避免产生单一响应误差（Wright et al., 2002），要求每个团队有3~10位核心员工填写问卷（具体员工填写数根据团队规模调整），再进行统计分析。

4.3.3　研究工具

本研究需要通过主观测量的变量有团队正念、工作复杂性、自我反思、个体情绪智力、个体创造力，各量表来源及代表性题项见表4.1。所有量表均采用其他学者已开发的成熟量表进行测量，采用Back-Translation（Brislin, 1980）方法进行翻译，以下为测量工具设计过程。

表4.1 跨层研究工具来源及填写对象

变量	来源	题项数	样例题项	填写对象
团队正念	Yu et al.（2018）	10	在团队内部，团队在倾听成员的想法、观点、意见或建议时心不在焉 团队意识到成员的想法或感受出现差错时，团队对成员能友好相待	团队主管
工作复杂性	Shaw et al.（2004）	3	我的工作需要很多技能 我的工作需要很长时间来学习所需的技能	团队成员
自我反思	Grant et al.（2002）	12	我喜欢深思事物的本质和意义 人们常说我是一个深思、省的人	团队成员
个体情绪智力	Ferris et al.(2009)	12	我能感知到自己的情绪 我能够根据他人的行为感知他人的情绪状态	团队成员
个体创造力	Markus Baer et al.(2006)	4	在工作中，我敢于尝试新想法和新方法 我会提出与工作相关的创造性新想法	团队主管

首先，选择最适合研究情况的测量工具。通过文献检索和分析，找出各变量常用的量表。根据各量表的概念和内涵，结合现有量表的信度和效度，选择最适合的调查量表。其次，翻译整理量表。问卷由一名组织行为学领域的博士生翻译成中文，并与一名组织行为领域的专家和三名组织行为领域的高年级博士生确认是否存在意义和解释上的差异。之后，请一名中国留学生将问卷翻译成英语，并经过反复修改形成问卷的内容。为了在语义上更具体，更符合实际情况，本研究在大样本调查之前，咨询了企业的员工，并根据他们的建议修改了部分表达语境。最后，科学编排调查条目，结合研究对象，将类似的问题合并。同时，为了尽可能克服常见的共同方法偏差，将问卷的自变量和因变量在问卷上适当分离。在此基础上，为调查问卷的每一部分写清楚指导语。

控制变量。参照现有的相关研究，在个体层次，本研究选取员工性别（1＝男；2＝女）、年龄（以实际岁数进行测量）、工作年限（1＝1年以下；2＝1～2年；3＝>2～3年；4＝>3～4年；5＝4年以上）、学历（1＝大专以下；2＝大专；3＝本科；4＝硕士及以上）和团队任期（1＝1年以下；2＝1～2年；3＝>2～3年；4＝>3～4年；5＝4年以上）作为控制变量；在团队层次，本研究选择团队大小和平均团队任期作为控制变量，因为研究发现，员工及团队创造力受到这些因素的影响（Zhang et al.，2010）。

4.3.4　共同方法偏差控制

为了尽可能减小共同方法偏差（Common Method Bias），本研究采取了以下措施：

（1）从两个不同的来源收集数据：团队主管和团队成员。本研究分别设计了团队主管问卷和团队成员问卷。通过从两个不同来源收集的数据，可以在一定程度上减少由同一数据源引起的共同方法偏差对研究结果的影响。

（2）匿名回答，使主管和员工能放心填答，以减少偏误。在问卷的正面，强调本次调查"仅用于研究。题目答案无对错之分，请结合您的工作情境，根据事实情况填写"。在实际调查过程中，调查人员会在现场向受访者强调调查的保密性。

4.3.5　分析方法

本研究采用回归分析对子研究一的假设进行检验。回归分析是研究一个变量（也称被解释变量或因变量）对另一个或多个变量（也称解释变量或自变量）的依赖关系，其目的是通过解释变量的给定值来预测被解释变量的平均值或某一特定值。回归分析是检验变量间直接效应、中介效应和调节效应的常用统计方法。根据不同的效应验证程序，可以进行相应的回归分析，以验证效应假设是否成立。其中，本研究的中介效应的检验方法主要依据 Baron 和 Kenny（1986）提出的中介检验步骤，具体过程如下。

步骤一，在回归方程中引入控制变量，本研究选取员工性别、工作年限、年龄和学历、团队任期作为控制变量。

步骤二，为验证自变量与因变量之间的关系，研究团队正念对团队成员个体创造力结果变量的主效应。

步骤三，为验证自变量与中介变量之间的关系，研究团队正念对中介变量自我反思、个体情绪智力的主效应。

步骤四，考察自变量与中介变量对结果变量的影响作用，同时将控制变量、自变量（团队正念）、中介变量（自我反思、个体情绪智力）分别纳入回归方程，研究中介变量对团队正念与团队成员个体创造力主效应关系的替代作用。

步骤五，根据 Bootstrap 分析得到的间接效应大小和置信区间的结果，进一步检验中介效应。

在调节机制的检验上，首先，对团队正念与工作复杂性两个变量进行中心化处理。其次，将两个中心化处理后的变量进行乘积运算，得到一个新的变量作为交互项。最后，依据 Aiken 等人（1991）对调节效应的探讨，通过如下步骤来分析工作复杂性对团队正念与自我反思关系，以及团队正念与个体情绪智力关系的调节作用。

步骤一，引入控制变量到回归方程，以考察团队成员背景特征（性别、年龄、教育程度、工作年限）、团队特征（团队成立年限、规模）可能对结果造成的影响。

步骤二，将标准化处理后的团队正念放入回归方程中，考察团队正念对团队成员个体创造力的主效应。

步骤三，将标准化处理后的团队正念和工作复杂性放入回归方程中，考察工作复杂性对个体创造力的主效应。

步骤四，在完成上述步骤的基础上，将中心化之后的自变量（团队正念）、调节变量（工作复杂性），以及团队正念和工作复杂性交互项放入回归方程，通过交互作用项的回归系数显著性以及 R^2 来判断调节作用是否显著。

4.4　数据分析

4.4.1　描述性统计分析

通过上述两个渠道，有效回收 32 家企业共 104 个团队的问卷，其中 96 个团队为有效样本，收集 473 份团队成员问卷，有效配对问卷 325 份，有效回收率为 80.12%，平均每个团队有效回收 3.94 份团队成员问卷。在收集的有效样本量中，男性样本量为 174，占比 53.5%；女性样本量为 151，占比 46.5%。学历为高中或中专样本量为 31，占比 9.6%；学历为大专样本量为 82，占比 25.2%；学历为本科样本量为 168，占比 51.7%；学历为硕士样本量为 43，占比 13.2%；学历为博士样本量为 1，占比 0.3%。

4.4.2　信度与效度

4.4.2.1　信度分析

本研究采用Cronbach's α系数来检验变量的信度系数，研究结果见表4.2。研究结果表明，团队正念、自我反思、个体情绪智力、个体创造力、工作复杂性5个变量的Cronbach's α系数分别为0.720，0.797，0.894，0.918，0.738，表明这5个变量具有较好的内部一致性。

4.4.2.2　效度分析

本研究采用AMOS 17.0，通过验证性因子分析检验变量效度。由于本研究自我反思（12个题项）、个体情绪智力（12个题项）、个体创造力（4个题项）、工作复杂性（3个题项）共有31个题项，估计参数较多，因此，本研究对自我反思和个体情绪智力进行打包处理，根据EFA的因子载荷进行题项合并（最高与最低合并，次高与次低合并），直到每个变量只有3个或者4个指标（Yang et al.，2020）。然后，本研究进行验证性因子分析，分析结果见表4.2。研究结果显示，四因子模型拟合指数最优，说明本研究四因子测量模型具有较好的建构效度。

表4.2　三模型拟合指标（个体层）

	卡方	df	卡方/df	TCL	CFI	RMSEA	SRMR
四因子模型	152.224	86	1.836	0.909	0.910	0.072	0.079
三因子模型A	269.677	89	3.030	0.7542	0.782	0.092	0.099
三因子模型B	233.993	89	2.284	0.796	0.802	0.083	0.091
二因子模型	365.082	91	4.012	0.724	0.736	0.109	0.111
单因子模型	471.244	92	5.133	0.646	0.682	0.114	0.119

三因子模型A：将个体情绪智力、自我反思合并为一个因子。

三因子模型B：将工作复杂性、个体情绪智力合并为一个因子。

二因子模型：将个体情绪智力、工作复杂性、自我反思合并为一个因子。

单因子模型：将所有变量合并为一个因子。

本研究还计算AVE和相关系数来确定聚合效度和区分效度。各个因子的AVE值大于0.5，说明聚合效度较好（见表4.3）；而且各个因子的AVE平方根值均大于因子间相关系数绝对值的最大值，说明因子间具有良好的区分效度。

4.4.3 相关分析

表4.3为相关系数分析，结果表明，团队正念与个体创造力正向相关（$\beta = 0.390$，$p < 0.001$）、团队正念与自我反思正向相关（$\beta = 0.352$，$p < 0.001$）、自我反思与个体创造力正向相关（$\beta = 0.688$，$p < 0.001$），团队正念与个体情绪智力正向相关（$\beta = 0.418$，$p < 0.001$）、个体情绪智力与个体创造力正向相关（$\beta = 0.432$，$p < 0.001$）。上述结果初步验证了本研究的团队正念、自我反思、个体创造力、个体情绪智力之间关系的假设。

表4.3 相关系数表

	1	2	3	4	5	6	7	8	9
个体创造力	(0.859)								
组织正念	0.390***	(0.720)							
自我反思	0.688***	0.352***	(0.709)						
个体情绪智力	0.432***	0.418***	0.212*	(0.765)					
工作复杂性	0.636***	0.493**	0.508***	0.114	(0.814)				
性别	−0.039	0.087	0.006	0.010	−0.037				
年龄	0.015	−0.003	0.006	0.023	0.038	−0.049**			
学历	0.046	0.098	0.005	0.109	−0.081	0.006	0.032		
工作年限	0.027	−0.026	0.011	0.092	0.039	−0.080	0.738***	−0.141	
均值	3.983	3.532	3.521	3.626	3.721	0.537	2.917	2.802	4.339
方差	0.762	0.419	0.648	0.693	0.719	0.499	0.637	1.217	2.084

注：对角线上括号内数值为AVE的平方根；*表示$p < 0.05$，**表示$p < 0.01$，***表示$p < 0.001$。

4.4.4 假设检验

本章采用STATA 12.0进行层次回归分析，检验本研究所提出的变量之间关系的假设。在分析过程中，对所有交互所涉及的变量均进行中心化处理，以避免潜在的多重共线性问题。表4.4为层次回归分析的每一步对应的回归模型及结果。

表4.4 回归模型及结果

	模型1	模型2	模型3	模型4	模型5	模型6	模型7	模型8	模型9	模型10	模型11	模型12	模型13	模型14
	自我反思	自我反思	自我反思	自我反思	个体情绪智力	个体情绪智力	个体情绪智力	个体情绪智力	个体创造力	个体创造力	个体创造力	个体创造力	个体创造力	个体创造力
团队正念		0.169*	0.166*	0.119*		0.182*	0.173*	0.120*		0.253*		0.174*		0.182*
自我反思											0.494***	0.465***	0.323***	0.312**
工作复杂性			0.065	0.076			0.056	0.055						
团队正念*工作复杂性				0.171*				0.165*						
性别	0.058	0.038	0.058	0.057	0.082	0.062	0.061	0.059	0.004	-0.026	-0.025	-0.044	-0.038	-0.046
工作年限	-0.001	-0.0003	-0.0002	-0.001	0.004	0.002	0.002	0.001	0.007	0.008	0.007	0.008	0.007	0.008
年龄	-0.037	-0.039	-0.049	-0.053	-0.015	-0.019	-0.020	-0.023	-0.094	-0.097	-0.075	-0.078	-0.077	-0.082
教育程度	-0.072	-0.077	-0.079	-0.079	0.023	0.016	0.012	0.011	-0.038	-0.041	-0.041	-0.008	-0.034	-0.044
组内方差	0.225	0.204	0.203	0.197	0.258	0.228	0.224	0.217	0.308	0.297	0.291	0.288	0.292	0.282
组间方差	0.033	0.036	0.035	0.037	0.045	0.045	0.045	0.045	0.049	0.054	0.035	0.010	0.038	0.009

注：* 表示 $p < 0.05$，** 表示 $p < 0.01$，*** 表示 $p < 0.001$。

4.4.4.1　团队正念与个体创造力

为了检验团队正念与个体创造力之间的关系，用控制变量对个体创造力进行回归（模型9），在此基础上，将团队正念加入回归方程，同时分析控制变量与团队正念对个体创造力的影响（模型10）。模型10表明，在对控制变量（组织特征、团队特征等）进行控制的情况下，团队正念对团队成员个体创造力有正向影响作用，回归系数为 $\beta = 0.253$（$p < 0.05$），假设1得到支持。

4.4.4.2　团队正念与自我反思

为了检验团队正念与自我反思之间的关系（假设2），用控制变量对自我反思进行回归（模型1）。在此基础上，将团队正念加入回归方程，同时分析控制变量与团队正念对团队自省的影响（模型2）。模型2表明，在对控制变量（个体特征等）进行控制的情况下，团队正念对团队成员个体创造力有正向影响关系，回归系数为 $\beta = 0.169$（$p < 0.05$），假设2得到支持。

4.4.4.3　团队正念与个体情绪智力

为了检验团队正念与个体情绪智力之间的关系（假设5），用控制变量对个体情绪智力进行回归（模型5）。在此基础上，将团队正念加入回归方程，同时分析控制变量与团队正念对团队自省的影响（模型6）。模型6表明，在对控制变量（个体特征等）进行控制的情况下，团队正念对团队成员个体情绪智力有正向影响关系，回归系数为 $\beta = 0.182$（$p < 0.05$），假设5得到支持。

4.4.4.4　自我反思与个体创造力

为了检验自我反思与个体创造力之间的关系（假设3），用控制变量对个体创造力进行回归（模型9）。在此基础上，将自我反思加入回归方程，同时分析控制变量和自我反思对个体创造力的影响（模型11）。模型11表明，在对控制变量进行控制的情况下，自我反思对个体创造力有正向影响关系，回归系数为 $\beta = 0.494$（$p < 0.001$），假设3得到支持。

4.4.4.5　个体情绪智力与个体创造力

为了检验个体情绪智力与个体创造力之间的关系（假设6），用控制变量对个体创造力进行回归（模型9）。在此基础上，将自我反思加入回归方程，同时分析控制变量与自我反思对个体创造力的影响（模型13）。模型13表明，在对控制变量进行控制的情况下，自我反思对个体创造力有正向影响关系，回归系数为 $\beta = 0.323$（$p < 0.01$），假设6得到支持。

4.4.4.6　自我反思的中介作用

为了验证自我反思在团队正念与个体创造力之间关系的中介作用（假设4），在研究模型10的基础上加入自我反思，同时分析控制变量、团队正念、自我反思对个体创造力的影响（模型12）。模型12表明，在加入自我反思后，团队正念对个体创造力的影响的回归系数由 0.253（$p < 0.05$）降低为 0.174（$p < 0.05$），同时自我反思对个体创造力的影响亦为正向影响（$\beta = 0.465$，$p < 0.001$），表明团队正念部分通过自我反思对团队成员个体创造力产生影响，即假设4得到支持。

4.4.4.7　个体情绪智力的中介作用

为了验证个体情绪智力在团队正念与个体创造力之间关系的中介作用（假设7），在研究模型10的基础上加入个体情绪智力，同时分析控制变量、团队正念、个体情绪智力对个体创造力的影响（模型12）。模型12表明，在加入个体情绪智力后，团队正念对个体创造力的影响的回归系数由 0.253（$p < 0.05$）降低为 0.182（$p < 0.05$），同时个体情绪智力对个体创造力的影响亦为正向影响（$\beta = 0.312$，$p < 0.01$），表明团队正念部分通过个体情绪智力对团队成员个体创造力产生影响，即假设7得到支持。

4.4.4.8　工作复杂性的调节作用

为了验证工作复杂性对团队正念与个体创造力之间关系的调节作用，在回归模型中引入工作复杂性这个调节变量，验证工作复杂性对团队正念与自我反思之间关系的调节作用。层次回归分四步分步进入回归方程。第一步，使员工背景变量（性别、年龄、任期、教育程度）和自变量（团队正念）进入方程。第二步，采用逐步进入法使调节变量（工作复杂性）进入方程。第三步，采用逐步进入法使自变量（团队正念）与调节变量（工作复杂性）的交互项进入方程。为了避免可能存在共线性问题，本研究对相关变量进行中心化后再形成交互项，回归结果见表4.4。

当调节变量工作复杂性加入方程时，团队正念对自我反思有显著影响，$\beta = 0.166$（$p < 0.05$）。第四步，团队正念与工作复杂性的交互作用项进入回归方程后，结果显示二者交互项系数 $\beta = 0.171$（$p < 0.05$），表明工作复杂性对团队正念与自我反思之间关系具有正向调节作用，假设8得到支持。

为了更直观揭示工作复杂性对团队正念与自我反思之间关系的调节作用，在图4.2中画出工作复杂性调节作用图。如图4.2所示，工作复杂性对团队正念与自我反思之间关系起正向调节作用。具体而言，在工作复杂性高的情况下，团队正念对自我反思的促进作用要强；随着工作复杂性减弱，团队正念对自我反思的促进作用逐渐降低。假设8得到支持。

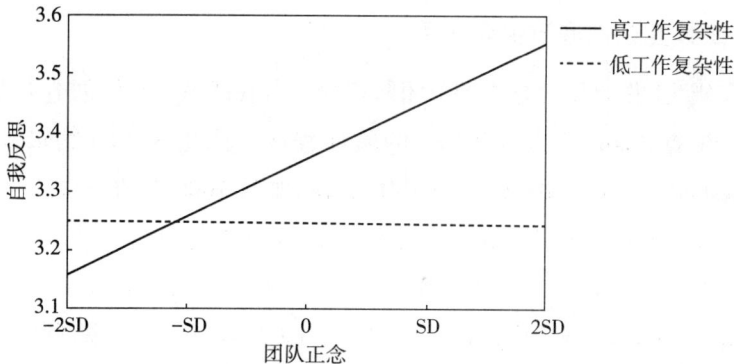

图4.2　工作复杂性对团队正念与自我反思关系的调节作用

当调节变量工作复杂性加入方程时，团队正念对个体情绪智力有显著影响（$\beta = 0.173$，$p < 0.05$）。第四步，团队正念与工作复杂性的交互作用项进入回归方程后，结果显示二者交互项系数 $\beta = 0.165$（$p < 0.05$），表明工作复杂性对团队正念与个体情绪智力之间关系具有正向调节作用，假设9得到支持。

为了更直观揭示工作复杂性对团队正念与个体情绪智力之间关系的调节作用，在图4.3中画出工作复杂性调节作用图。如图4.3所示，工作复杂性对团队正念与个体情绪智力之间关系起正向调节作用。具体而言，在工作复杂性高的情况下，团队正念对个体情绪智力的促进作用要强。随着工作复杂性减弱，团队正念对个体情绪智力的促进作用逐渐降低。

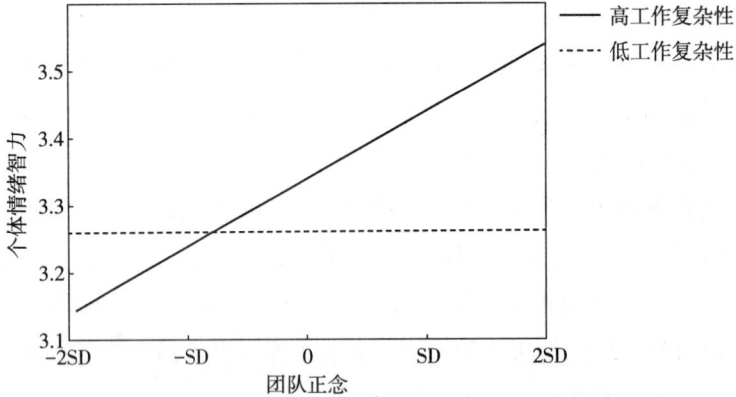

图4.3　工作复杂性对团队正念与个体情绪智力关系的调节作用

4.4.4.9　工作复杂性调节中介作用

为了验证工作复杂性是否调节团队正念、自我反思、个体创造力之间的间接关系，根据Zhang等人（2010）的验证程序，采用STATA编辑验证程序（Rabe-Hesketh et al.，2008）。采用Bootstrap抽样1000次的方法，根据Bias-Corrected区间判断中介作用是否被调节。Bootstrap抽样分析结果显示，当在低工作复杂性下，团队正念、自我反思、个体创造力之间的间接作用为−0.002，Bias-Corrected置信区间为（−0.042，0.039），包含0，说明在低工作复杂性下，团队正念、自我反思、个体创造力之间间接作用不显著；当在高工作复杂性下，团队正念、自我反思、个体创造力之间间接作用为0.113，Bias-Corrected置信区间为（0.066，0.198），不包含0，说明在高工作复杂性下，团队正念、自我反思、个体创造力之间间接作用显著；在不同工作复杂性下，团队正念、自我反思、个体创造力之间间接作用差异为0.115，Bias-Corrected置信区间为（0.068，0.202），不包含0，表明差异显著，即工作复杂性调节团队正念、自我反思、个体创造力之间间接作用，假设10得到支持。

Bootstrap抽样分析结果显示，当在低工作复杂性下，团队正念、个体情绪智力、个体创造力之间间接作用为0.001，Bias-Corrected置信区间为（−0.033，0.041），包含0，说明在低工作复杂性下，团队正念、个体情绪智力、个体创造力之间间接作用不显著；当在高工作复杂性下，团队正念、个体情绪智力、个体创造力之间间接作用为0.093，Bias-Corrected置信区间为（0.045，0.159），不包含0，说明在高工作复杂性下，团队正念、个体情绪智力、个体创造力之间间接作用显著；在不同工作复杂性下，团队正念、自我反思、个体创造力之间间接作用差异为 0.092, Bias-Corrected 置信区间为 (0.042, 0.143),不包含0,表明差异显著,即工作复杂性调节团队正念、个体情绪智力、个体创造力之间间接作用,假设11得到支持。

4.5 本章小结

本研究从社会信息加工理论视角出发,探讨团队正念对团队成员个体创造力的影响作用。在此基础上,深入分析自我反思和个体情绪智力在团队正念和个体创造力关系之间的中介作用,以及工作复杂性对团队正念与个体创造力之间的调节作用。通过对32家企业96个团队325名团队成员数据分析发现,团队正念正向影响个体创造力,并通过自我反思、个体情绪智力对个体创造力产生间接影响,验证了自我反思和个体情绪智力在团队正念与个体创造力之间发挥中介作用,并且工作复杂性调节团队正念、自我反思、个体创造力之间间接作用,工作复杂性调节团队正念、个体情绪智力、个体创造力之间间接作用,具体如下。

首先,团队正念对自我反思、个体情绪智力和个体创造力产生直接作用。本研究的一个重点理论发现,即团队正念给自我反思、个体情绪智力和个体创造力带来积极的影响。高水平团队正念往往在团队中形成关注当下、团队互动中产生不同的观点,不加评判而积极为解决问题而努力(Yu et al., 2018),团队正念促使团队关注当下问题,不考虑未来,从批判性视角看待经验,不断探索以寻求适合解决当下问题的最佳方案(Carter et al., 2015)。在这种团队状态和工作氛围影响下,团队正念会引导团队成员进行自我反思、提升团队成员个体情绪智力水平,比如团队成员对以往工作的自我总结,对新的知识技能的自我学习,以及在工作中不断改进工作方式方法以更好地适应各种变化,都需要高水平的情绪智力理解自己和他人的情绪,做好情绪管理(Schutte et al., 2011),同时这也是自我反思的重要特征(Grant et al., 2002;Wang et al., 2019)。

因此,根据社会信息加工理论(Salancik et al., 1978),本研究认为,团队成员感知团队工作氛围和状态,对自身工作进行反思和调整工作状态、做好情绪管理,使工作更具灵活性和适应性,进而形成团队成员自身创新思维的提升和工作技能的不断学习和进步(Wang et al., 2019),因此,团队正念与自我反思、个体情绪智力、个体创造力存在联系。团队适应市场变化、技术更新能提高员工工作绩效，因此，团队有相互支撑和帮助的工作氛围，积极探讨问题，不断帮助团队成员反思个人工作的过程，根据具体情况实时进行修正的能力，以此帮助和支持提高个体创造力。这是对以往研究的补充和深化，以提高个体的适应性和进步性。本研究的目的是探讨团队正念对自我反思、个体情绪智力和个体创造力之间的关系，团队在非常专注的状态下，不断自我成长能为团队成员个人带来积极结果，符合个人成长需求。本书研究结论支持这一观点，团队正念会对自我反思和个体创造力带来积极影响。这一发现丰富了团队正念对团队成员个体影响的研究。

其次，自我反思和个体情绪智力在团队正念与团队创造力之间发挥中介作用。另外，本研究的第二个发现是团队正念与团队成员个体创造力之间关系部分通过自我反思、个体情绪智力传递。这一发现有利于解释和支持未经检验的团队正念，作为一个"暗箱"团队特质对团队成员个体创造力的影响过程 (Yu et al.，2018)。这一结果的发现提供了对团队正念如何影响团队成员个体创造力的理解，社会信息加工理论认为团队成员会感知到团队特质、状态、工作氛围，进而会影响自我工作要求，提高输入和产出的积极效应（戴万亮等，2021；周建涛等，2018）。在团队不断探索关注当下，适应性地去寻找最优的解决方案，团队正念会推进团队成员不断思考自身负责的工作，调整自己的情绪更好地投入工作，并根据具体情况的变化做出适应性行为，比如适应性地调整方案，运用新的技术更好地解决问题，并根据客户新的需求做出方案调整，发挥个体创造力，提升工作绩效。自我反思和个体情绪智力可以在团队工作氛围中得以促进，以学习和自我要求寻求改进绩效，提升团队成员自身竞争力 (Tierney et al.，2002)。团队成员积极主动反思，保持积极的工作情绪，采取适应性活动促进工作中解决问题新的思路和做法 (Vendel et al.，2020)。因此，自我反思和个体情绪智力作为中介变量对理解团队正念与团队创造力之间的关系有重要作用。

最后，工作复杂性调节团队正念与团队成员自我反思、个体情绪智力之间关系，并调节团队正念、自我反思、个体创造力和团队正念、个体情绪智力、个体创造力这两个间接过程。本研究分析了团队正念与工作复杂性的交互作用给团队成员个体带来的影响，而这一主题尚未被研究。本研究预期团队正念的效应大小取决于团队成员工作复杂性程度，与理论预期一致。本研究实证分析发现工作复杂性调节团队正念与自我反思之间、团队正念与个体情绪智力之间的关系。从社会信息加工理论出发，团队成员感知工作复杂性程度高能够使团队成员个体积极参与突发事件或意料之外的情况变化（Campbell，1988；Zhang et al.，2013），有利于促进团队正念对自我反思的转化，也有利于激发成员对所处情况的自我情绪识别、调节、管理的能力。也就是说，团队成员感知到团队正念集中思想、畅所欲言、就问题而讨论的工作氛围和状态后，由这种感知而形成的自我思考总结、自我学习和自我改进，同时也提升成员情绪识别和情绪调节能力，以此均能提升个体创新意识和工作技能，即个体创造力的提升。这一调节效应的发现，有利于加深研究者对团队正念影响个体创造力边界条件的理解。

第5章 团队正念对团队创造力作用
机制研究：任务难度的调节作用

5.1 研究概述

面对市场竞争带来的挑战，组织必须依靠持续有效的创新获得市场竞争力。团队作为组织运作的工作单元，一方面团队鼓励团队成员根据自身的专业背景和能力充分发挥个体创造力（Van Knippenberg，2013），另一方面认识到团队成员在团队相互依赖和合作中提升个体创造力完成自身的工作，同时提高团队整体的创造力水平，进而实现团队绩效和组织绩效（Mo et al.，2019）。因此，要实现团队创造力的提升，每个项目都能通过创新使得组织能够保持和增强竞争力，受到学术界和实践家们高度重视。团队正念作为团队层面研究的团队特质和认知过程引起了人们的关注（Yu et al.，2018），集中精力和积极关注当下的工作状态，用不加评判处理的方式尊重每个成员的想法，从而提升团队创造力水平是本研究的研究内容。本研究从社会认知理论的视角，聚焦于团队正念对团队创造力影响机理探索的研究（见图5.1）。首先，本研究探索团队正念对团队自省、团队情绪智力与团队创造力的关系，以及团队自省、团队情绪智力对团队创造力的影响作用；其次，本研究探索与验证团队自省、团队情绪智力在团队正念与团队创造力之间的中介作用；最后，本研究验证团队任务难度对团队正念与团队自省、团队情绪智力之间关系的调节作用，以及团队任务难度对团队正念、团队自省、团队创造力，团队任务难度对团队正念、团队情绪智力、团队创造力，这两个间接过程的调节作用。

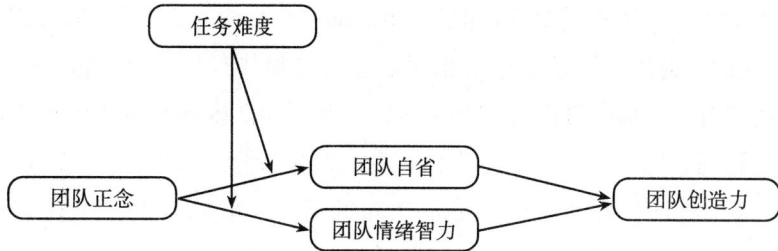

图5.1　团队正念对团队创造力作用机制研究模型

5.2　理论与研究假设

5.2.1　相关理论

社会认知理论的基本出发点是人类活动由个体行为、个体认知等个体特征、个体所处的环境这三种因素交互决定的。随着时间推移，这三种因素之间的双向作用将逐渐发挥出来。基于这一理论，人不仅是环境的塑造者，也是环境作用的产物（Bandura，1986）。

社会认知理论与组织管理的关系主要体现在三个方面。第一，人们如何通过模仿发展认知能力、社会能力和行为能力；第二，人们如何建立对自己能力的信念，从而有效利用自己的知识和技能；第三，人们如何通过目标系统来发展个人动机（Bandura，1986）。根据这一理论，当人们处于环境中时，人们是自身及其经历的能动者。人格主动性的核心特征包括意向性、前瞻性、自我反应性与自我反思性。该理论认为，人在自我发展、自我适应和自我更新的过程中可以作为积极的改变动因（Bandura，2001）。社会认知理论解释了三种能动性：直接人格能动性、代理能动性和集体能动性。直接人格能动性是指人们管理和满足自己的欲望，并能很好地应对生活的起起落落；代理能动性是指人们借用他人的资源、权力、影响力和专业技能来促进自己的行为；集体能动性是指与他人合作以实现目标。

5.2.2　团队正念对团队创造力的直接影响效应

对于正念的研究由来已久，Langer（1989）较早提出集体正念的概念，Weick等人（1999）研究集体正念在高可靠性组织中解决突发事件得以应用，之后开始有学者在团队层面研究正念（Rupprecht et al.，2019）。Yu和Zellmer-Bruhn（2018）提出，团队正念是指团队成员之间共有的一种信念，即团队成员的互动具有对当前事件的意识和关注，以及对团队内部经历的体验性和非评判性信息处理。团队正念并不是个体正念的简单聚合（Yu et al.，2018；倪丹等，2021），而是一种团队内部成员认知过程所达成的共识、所共享的属性（Rupprecht et al.，2019），是一个团队层面的重要构念。在团队正念中，团队更意识到并接受自己是一个团队（Reitz et al.，2020）。根据团队正念的特点，它强调团队成员将对当下团队共同的经历和潜在的目标、任务、角色和结构保持高水平的意识和关注，并以一种不加评判接纳的态度来面对（Sung et al.，2018；倪丹等，2021）。这能使团队成员对团队目标、过程、氛围、绩效和问题等的动态变化更加敏感（Chen et al.，2019），进而更有能力适应内外部环境变化，确保团队的有效运行（Reitz et al.，2020）。

在团队工作中，通过团队中相互开放思想、建设性地挑战新思想、共同的目标和承诺，可以鼓励团队创造力。一个团队对一个想法的反应方式可以改变这个想法和其他跟随它的人的进程（Kurtzberg et al.，2000）。此外，团队可以结合多个个体的经验、专业知识和人力来追求一个共同的目标（Yuan et al.，2015），团队通过积极地面对挑战和对工作本身的关注来促进内在动力。事实上，团队状态属性的影响可以改变个人和团队产生的观点和想法（Cheung et al.，2020）。团队高水平地关注当下，成员间不加任何评判可以加强团队的整体思维拓展（Colzato et al.，2012），不拘泥于经验带来的结论。团队有目的地聚集在一起，团队在成长中形成了既定的互动模式，成员间了解彼此的优缺点，也有强大的动力去合作或建立相互理解，在团队这种协同作用中，想法是由多个人同时形成、共享、适应和激发的，这将有利于促进团队创造力的产生。由此，本研究提出假设12。

假设12 团队正念与团队创造力成正向关系。

5.2.3　团队自省的中介作用

5.2.3.1　团队正念与团队自省的关系

团队在互动过程中，团队正念能帮助成员更好地关注当下，用意想不到的方式应对出乎意料的事件，在可靠性组织中需要足够的谨慎，在这样的组织中要时刻关注难以预料的、不连续的、难以发觉的小故障，这些容易被忽视的失误往往会酿成灾难（Weick et al., 1999）。在现代企业中，市场竞争如此激烈，任何小的故障和失误都会带来意想不到的失败，因此借鉴可靠性组织的分析，任何其他组织都需要团队有一种集体属性，共同应对不可预料的事件。Rupprecht 等人（2019）提出，基于团队经验，在这种关注当下和不加评判的正念可以作为一般组织团队层面变量出现（Yu et al., 2018；Schippers et al., 2014）。

石金涛和张文勤（2008）研究发现，团队自省是影响团队创新和团队效能的重要因素。团队自省是团队在完成任务过程中根据环境变化进行适应性反思的关键过程，是影响团队创新和工作绩效的重要因素（Perry-Smith et al., 2017）。如果团队能够思考并调整工作方式、过程，以及内外部环境，并相应地计划以适应新的工作需求，那么团队将会更加有效（Yang et al., 2020）。团队自省是团队层面的行为（West, 1996），然而，当团队进行相关的自省活动时，团队成员需要提出不同的意见，并在一定程度上承担人际风险（Wang et al., 2021）。团队自省是团队运作的一个关键因素（Yang, 2019），大量关于团队自省的研究结果表明，通过对目标、绩效、过程、气候和问题的持续的集体意识（Farnese et al., 2016），团队能够更好地确保有效的团队运作（Salas et al., 2015；Shin et al., 2017）。然而，根据社会认知理论，团队成员害怕被其他同事排挤，被群体边缘化，破坏团队的和谐氛围（Tjosvold et al., 2004），因此，这些思想或心理造成团队盲目从众、怯于谏言等不良现象。而团队正念的关注当下、体验性和不加评判的特点，可以解决团队中人际关系不和谐问题，帮助团队成员专注于解决当前问题（Yu et al., 2018）。有研究结果表明，团队自省对团队绩效产生正向影响，自省型团队更有可能考虑替代方法，从而产生高质量的决策和改进的方案，表现出更高水平的团队创造力（Konradt et al., 2016；Schippers et al., 2013；Schippers et al., 2015）。Rupprecht 等人（2019）指出，正如在实践正念时一个人能回归到当下意识，正念团队也会反复将团队的意识或注意力回归到团队目标、任务完成过程、团队氛围和遇到的问题上，采用非判断态度，从而团队成员对团队的动态更加敏感，更有能力适应团队所处内外部环境变化。本研究认为，正念团队具有的特质正是可以促进团队充分考虑和合理处置正反两方面的意见，从而提升团队创造力水平。由此，本研究提出假设13。

假设13　团队正念正向影响团队自省。

5.2.3.2　团队自省与团队创造力的关系

从社会认知的角度来看，在团队自省认知活动中，团队成员以建设性的方式持续、公开、批判性地观察和质疑团队的目标、策略和过程。团队自省可以帮助团队从挫折中学习（Rauter et al.，2018），并促进工作程序持续改进（Schippers et al.，2014）。在团队层面，团队自省与团队创新之间存在正相关关系（Farnese & Livi，2016；Widmann et al.，2016）。具有自省性的团队，通过沟通和讨论策略的过程，以及在团队成员之间发展相似的心理模型来提高其绩效（Chen et al.，2018；Gurtner et al.，2007）。证实团队自省实践被认为是促进组织创新的关键，并对创新的有效影响进行了实证研究（Farnese et al.，2016）。

在不同的组织管理实践中，团队自省被认为是一个能够鼓励探索性创新形式的过程，质疑习惯和惯例，促进它们的改变，这样做，能培养组织采用创新的能力（Tjosvold et al.，2004；West，1996）。Farnese和Livi（2016）提出，团队自省是一个团队的学习过程，通过质疑和批判性地监控使用中的目标和方法，促进工作中习惯和常规的改变，这样的改变可以促进组织绩效和创新。因此，本研究提出假设14。

假设14　团队自省正向影响团队创造力。

5.2.3.3　团队自省在团队正念与团队创造力关系中的作用

基于假设13和假设14，团队正念是团队自省的重要推动力，因为它能让团队成员回顾过去的表现，找出需要改进的地方，并建立绩效目标和行动计划，重要的是，团队自省可以促使成员在集体决策中利用他们的专业知识。在团队强调关注当下和不加评判的团队认知过程中，团队自省是主要的活动，体现在团队中的每个成员都进行自我思考，审视自己的态度、价值观和行为，团队共同讨论，努力调整团队自身的目标、策略等对环境的适应性（惠子璇等，2018）。团队正念通过团队成员专注于思考失败或错误等，激励团队成员有更好的工作状态，这有利于团队成员对团队的使命、目标和行为进行反思，并对当前任务的完成情况进行评估和思考，从而加强团队内部的自省性。自省性团队可能会对最初的糟糕表现做出更有效的反应，并有效地防止后续的糟糕表现（Schippers et al.，2013），之后更好地解决问题，从而提高团队创造力。在此过程中,团队自省是中介变量。

Tjosvold等人(2004)也证实了团队自省影响团队的创新性,即团队成员以创新的方式使用技能和资源的能力。此外,他们证明了合作(而不是竞争或独立)的目标,促进了自省性,因为这是一种相互依赖的条件,强调了团队成员公开和建设性地讨论不同问题的能力。由此,本研究提出假设15。

假设15 团队自省在团队正念与团队创造力之间发挥中介作用。

5.2.4 团队情绪智力的中介作用

5.2.4.1 团队正念与团队情绪智力的关系

团队情绪智力是群体呈现社会化、规范化和群体内关系发展而来的一种能力,也就是在团队中管理情绪过程的规范的能力,以培养信任、群体认同和群体效能(Druskat et al.,2001)。有的研究人员主张从系统的角度来理解集体中的情绪智力,认为辨别和整合信息能量包括认知和情感,也就是,团队情绪智力是环境结构和系统能量的结果,是团队与其他外部系统相互作用的结果(Goyal et al.,2007)。团队正念的工作状态和认知过程使团队放下心中杂念和顾虑,全身心投入工作中(Rupprecht et al.,2019),这有利于激发团队情绪智力,形成高水平的群体认同,理解团队当前的目标,并且共同为之努力,形成良好的团队协作。根据社会认知理论,团队成员置身于团队积极的全力以赴的工作状态中,不会使自己成为旁观者,而是成为能动者,在不断强化后,更能迅速理解团队目标和任务(Bandura,2001),反复共同协作并完成团队任务。对团队的理解、信任和发挥效能都是团队情绪智力的表现。因此,本研究提出假设16。

假设16 团队正念正向影响团队情绪智力。

5.2.4.2 团队情绪智力与团队创造力的关系

情绪智力存在于个体、团队和组织层面,团队情绪智力与团队思维的发展相一致,这允许团队进行集体情绪处理,并发展团队层面的情绪感知和情绪管理,以便团队能够处理和管理已设定的目标(Goyal et al.,2007)。利用团队成员之间的情感管理规范和随后的社会互动,产生这种集体的、群体层面的情绪智力,群体能够处理情感输入,并对这些输入进行管理和响应。该团队开发了一个认知、情感过程,能够感知、识别和管理情感(Ghuman,2011)。利用团队以及其他有影响力的团队成员，促进团队协同、团队同理心的规范，并关注团队成员如何集体完成分配的任务（Ghuman，2011），在高水平的团队情绪智力下有利于团队成员更多地参与到工作讨论和出谋划策中，允许团队在情感上意识到自己的能力，允许团队了解自己在组织中的角色和地位，可以避免狭隘的群体思维（Druskat et al.，2008），这样可以充分发挥团队效能，提升团队创造力。由此，本研究提出假设17。

假设17 团队情绪智力正向影响团队创造力。

5.2.4.3 团队情绪智力在团队正念与团队创造力关系中的作用

根据假设16和假设17，在团队意识到积极的工作状态，关注当前面临的突发事件和挑战，团队情绪智力会得到提高。团队情绪智力高的团队在完成任务过程中更具互动性（Cox et al.，2021），不加评判处理的工作特征在团队内信息交流中更顺畅（Yu et al.，2018），更容易迅速达到协同合作的状态，激发团队创造力。由此，本研究提出假设18。

假设18 团队情绪智力在团队正念与团队创造力之间发挥中介作用。

5.2.5 任务难度的调节作用

5.2.5.1 团队任务难度在团队正念与团队自省之间关系的调节作用

团队是为特定的任务而建立的，团队目标和任务会影响团队工作的情境、工作的过程和绩效结果（张钢等，2019）。有学者关注团队任务内容对团队动态性和决策过程的影响，尤其是团队任务难度的重要性（奉小斌，2012）。Baccarini（1996）提出任务难度由许多不同的相互关联的部分组成，项目复杂性是导致项目突发性和挑战项目管理的要素之间的相互关联。任务难度由两个动态的维度决定，分别是构成任务的要素数量（即要素维度）和任务要素交互程度的结构维度（Bakhshi et al.，2016）。意外突发行为的频繁发生，使得团队的项目任务变得越来越困难。以往的研究结果表明，在高难度任务的情境下，团队成员会重新审视任务的要求，以及促进团队理解和执行任务的效率标准，而简单和常规任务的绩效不会受到显著影响（Mikkelsen，2020）。难度高的任务（如复杂的产品开发项目）往往很难明确，也没有明确的方法来完成任务。在操作中不断地调整和思考对策，这需要依靠团队成员的创造性思维来完成任务。

在完成任务的过程中，需要团队成员以集体思维的方式共同解决问题。团队成员可以反思团队目标、过程和结果，并使其适应当前或预期的内部和外部环境的变化。团队正念使团队成员能够将他们在工作中如何优化流程和结果视为一种职业规范（Yu et al.，2018），团队正念为知识共享创造了一个安全、尊重的环境，允许成员利用集体的专业知识来改善团队运作。在复杂的任务情境下，团队可以通过协调行为获取多样化的信息与思想，促进团队内部对新问题的全方位反思和适应。任务越复杂、难度越高，团队就越能以集体思维的方式关注当下，不加评判地思考和反思。这样，团队才能更有能力以意想不到的方式解决突发事件。有研究认为，团队自省只有在特定的条件下才会产生积极的结果（Schippers et al.，2013），在任务难度较高的情境下，团队需要开展更多互动活动，主要包括协调任务、共享信息和知识资源，围绕任务目标关注当前存在的问题，在互动过程中对工作经验进行积极反思，员工参与团队的批判性反思过程。由此，本研究提出假设19。

假设19　任务难度在团队正念与团队自省之间发挥着正向调节作用，任务难度越大对团队自省的正向影响越强，反之越弱。

5.2.5.2　团队任务难度在团队正念与团队情绪智力之间关系的调节作用

团队任务难度涉及完成任务的多路径、路径之间的冲突、信息的不确定性、预期结果的多样性等特征（Campbell，1988），任务难度高使团队在完成任务时感知到挑战和新鲜感，任务难度对团队整体的情绪状态会产生影响。相关研究发现，随着任务难度的增加，团队呈现的乐观，怀有的希望、信心和勇气，显著增加了科技人员创新行为的促进效果（王仙雅，2015）。任务难度越高，团队越需要具备正念的特点，关注问题各方面的细节，关注当下，提高团队整体体验性，以及不加评判的处理方式，有利于形成良好的团队理解和团队协作，提高团队情绪智力。由此，本研究提出假设20。

假设20　任务难度在团队正念与团队情绪智力之间发挥着正向调节作用，任务难度越大对团队情绪智力的正向影响越强，反之越弱。

5.2.5.3　任务难度调节团队自省的中介作用

如前所述，高难度的团队任务激活了团队正念，能够提高处理和应对突发事件、市场变化和新情况时的能力（Bakhshi et al.，2016）。因此，当团队面临一项艰巨的任务时，团队正念更有可能在帮助团队改善互动状态方面发挥积极的作用，从而强化团队正念对团队自省的积极影响。更进一步，高水平的团队自省有助于提升团队创造力（方雯等，2014）。相比之下，当团队成员执行低难度的团队任务时，他们对于团队正念在处理和应对突发事件、市场变化和新情况中的作用并没有被有效激活，因此，团队正念对团队自省的促进作用降低。当团队自省水平较低时，团队创造力水平并没有得到提高。由此，本研究提出假设21。

假设21 团队任务难度调节团队正念、团队自省、团队创造力的关系，即团队任务难度越高，团队正念通过团队自省对团队创造力的正向影响越强，反之越弱。

5.2.5.4 任务难度调节团队情绪智力的中介作用

团队任务难度高，比如，外部环境因素不确定性或任务完成过程中可能会承担风险，更需要团队正念发挥积极有效的作用（王渊，2015），团队致力于该项目或突发事件，激发团队情绪智力，从而促进团队创造力。因此，高任务难度是激发团队正念认知过程形成和发挥作用的刺激因素（Yu et al.，2018）。在团队正念的作用下，可以培养和激发高水平团队情绪智力，增强团队创造力。相比之下，在任务难度较低的情况下，团队往往处于按部就班的工作模式和状态，有时甚至机械地完成每一个步骤和过程。这时，团队正念的效果似乎不需要激活了，团队情绪智力只能保持在一个相对稳定的状态。由此，本研究提出假设22。

假设22 团队任务难度调节团队正念、团队情绪智力、团队创造力的关系，即团队任务难度越高，团队正念通过团队情绪智力对团队创造力的正向影响越强，反之越弱。

5.3 分析方法

5.3.1 数据收集

本部分研究数据收集过程与子研究一的数据收集过程相同。调查问卷包括：团队主管版问卷和团队成员版问卷。团队主管版问卷包括团队正念、团队成员个体创造力以及团队信息。团队成员版问卷包括自我反思、工作复杂性以及团队成员个人信息。问卷设计为团队主管与团队成员相关变量匹配。收集过程和程序与第4章子研究一一致。

5.3.2　研究对象

本研究的分析层次为团队层，研究重点是对团队层的作用机制进行检验，因此，本研究以团队为单位。根据图5.1，本研究共有5个研究变量。为了控制同源误差带来的影响，本研究中的团队正念、任务难度以及团队创造力由团队主管填写，本研究中的团队自省、团队情绪智力由团队核心员工填写。为了避免产生单一响应误差（Wright et al.，2002），要求每个团队有3～10名员工填写问卷（具体员工填写数，根据团队规模调整）。然后将员工填写的结果聚合到团队层进行统计分析。

5.3.3　研究工具

本研究需要通过主观测量的变量有团队正念、任务难度、团队自省、团队情绪智力、团队创造力，各量表来源以及代表性题项见表5.1。所有量表均采用学者已开发的成熟量表进行测量，采用Back-Translation（Brislin，1980）方法进行翻译，以下为测量工具设计过程。

表5.1　研究工具来源及填写对象

变量	来源	题项数	样例题项	填写对象
团队正念	Yu et al.(2018)	10	在团队内部，团队在倾听成员的想法、观点、意见或建议时心不在焉 当团队意识到成员的想法或感受出现差错时，团队对成员能友好相待	团队主管
任务难度	Vidal et al.(2008)	5	团队任务包含许多变化或不确定因素 团队任务需要不断学习新的知识才能完成	团队成员
团队自省	Carter et al.(1998)	8	团队经常讨论完成工作的方法是否合适有效 团队根据不断变化的环境调整目标	团队成员
团队情绪智力	Jordan et al.（2009）	13	团队成员能够理解彼此的情绪 团队善于把握团队情绪，在适当的情绪氛围中提出并解决问题	团队成员
团队创造力	Barczak et al.（2010）	8	团队成员提出了实现目标的新方法 如果有机会，团队成员会表现出创造力	团队主管

首先，选择最合适本研究情境的测量工具。通过文献检索和分析，找出各

变量常用的量表。根据各个量表的概念和内涵，结合现有量表的信度和效度，选择最适合的调查量表。其次，翻译量表。问卷由一名组织行为学领域的博士生翻译成中文，并与一名组织行为领域的专家和三名组织行为领域的高年级博士生确认是否存在语义和解释上的差异。之后，请一名华裔留学生再翻译成英文，并经过反复修改形成问卷内容。为了在语义上更具体、更符合实际情况，本研究在进行大样本调查之前，咨询企业的员工，并根据他们的建议修改了部分表达语境。最后，科学编排调查条目。根据研究对象（如个体、团队）将相似的问题组合在一起。同时，为了尽可能克服共同方法偏差，将问卷的自变量和因变量在问卷上适当分离。在此基础上，为每一部分调查问题撰写指导语。

控制变量。参照现有的相关研究结果，本研究选择团队主管年龄、性别、工作年限、学历、团队规模大小和团队成立时间作为控制变量，因为研究发现团队创造力受到这些因素的影响（Gong et al., 2013）。

5.3.4 共同方法偏差控制

本研究与第4章的数据来源于同一批数据，共同方法偏差的控制与团队层研究保持一致。采取不同源以及匿名的方式收集数据，团队正念和团队创造力由团队主管填写，任务难度、团队自省和团队情绪智力由团队成员填写。

5.3.5 分析方法

本研究采用回归分析对子研究二的假设进行检验。本研究的主效应、中介效应、调节效应以及被调节的中介效应与子研究一的检验步骤和流程一致，本研究不再赘述。

5.4 数据分析

5.4.1 描述性统计分析

有效主管样本量为96，其中男性样本量为69，占比71.88%；女性样本量为27，占比为28.12%。年龄25岁以下的样本量为6，占比6.25%；25—29岁的样本量为24，占比25.00%；30—34岁的样本量为31，占比32.29%；35—39

岁的样本量为21，占比21.88%；40岁及以上的样本量为14，占比14.58%。学历为高中或中专的样本量为9，占比9.38%；学历为大专的样本量为18，占比18.75%；学历为本科的样本量为50，占比52.08%；学历为硕士的样本量为15，占比15.62%；学历为博士的样本量为4，占比4.17%。

5.4.2　信度与效度

5.4.2.1　信度分析

本研究采用Cronbach's α系数来检验变量的信度系数，研究结果见表5.2。研究结果表明团队正念、团队自省、团队情绪智力、团队创造力、任务难度5个变量的Cronbach's α系数分别为0.720，0.783，0.931，0.916，0.808，表明这5个变量具有较好的内部一致性。

5.4.2.2　效度分析

本研究采用有效样本96个团队数据进行团队层变量的验证性因子分析。然而，为了控制共同方法偏差对研究结果的影响，团队自省和团队情绪智力由员工填写完成，最终聚合到团队层。因此，要对团队自省进行聚合分析，本研究采用Rwg来判断团队内成员对团队自省回答的一致性。Rwg（j）分析结果显示，团队自省的Rwg的均值和中位数分别为0.878和0.863，团队情绪智力的Rwg的均值和中位数分别为0.886和0.882，表明团队内成员对团队自省和团队情绪智力的感知具有一致性，符合进行下一步研究标准。此外，本研究进一步对团队自省和团队情绪智力的ICC（1）和ICC（2）进行分析，分析结果显示，团队自省和团队情绪智力的ICC（1）分别为0.215和0.268，ICC（2）分别为0.483和0.591。

本研究采用AMOS 17.0通过验证性因子分析检验变量效度。本研究采用有效样本96个团队的数据进行验证性因子分析，由于数据的拟合指数受估计参数的影响，因此，为了减少估计参数，本研究进行题项打包处理。将团队正念、团队自省、团队情绪智力、团队创造力、团队任务难度的题项根据探索性因子的载荷进行合并（最高与最低合并，次高与次低合并），直到每个变量只有3个或者4个指标。然后，本研究再次进行验证性因子分析，分析结果见表5.2。

表5.2　三模型拟合指标

	卡方	df	卡方/df	TCL	CFI	RMSEA	SRMR
五因子模型	206.625	125	1.653	0.916	0.930	0.075	0.077
四因子模型A	298.447	129	2.314	0.793	0.808	0.080	0.087
四因子模型B	338.392	129	2.623	0.765	0.782	0.085	0.089
四因子模型C	380.367	129	2.949	0.762	0.770	0.088	0.090
二因子模型	488.433	132	3.700	0.743	0.765	0.089	0.092
单因子模型	638.238	133	4.799	0.672	0.694	0.099	0.091

三因子模型A：将团队正念、团队自省合并为一个因子。

三因子模型B：将团队正念、团队情绪智力合并为一个因子。

三因子模型C：将团队自省、团队情绪智力合并为一个因子。

二因子模型：将团队正念、任务难度、团队自省、团队情绪智力合并为一个因子。

单因子模型：将所有变量合并为一个因子。

本研究还计算AVE和相关系数来确定聚合效度和区分效度。各个因子的AVE值大于0.5，说明聚合效度较好（见表5.2）；且各个因子的AVE平方根值均大于因子间相关系数绝对值的最大值，说明因子间具有良好的区分效度。

5.4.3　相关分析

表5.3为相关系数分析结果，表明团队正念与团队创造力正向相关（$r = 0.583$，$p < 0.001$）、团队正念与团队自省正向相关（$r = 0.416$，$p < 0.001$）、团队自省与团队创造力正向相关（$r = 0.582$，$p < 0.001$）、团队正念与团队情绪智力正向相关（$r = 0.416$，$p < 0.001$）、团队情绪智力与团队创造力正向相关（$r = 0.468$，$p < 0.001$）。上述结果初步验证了本研究的团队正念、团队自省、团队情绪智力、团队创造力之间关系的假设。

5.4.4　共同方法偏差分析

本章采用STATA 12.0进行层次回归分析来检验本研究所提出的变量之间的关系假设，在分析过程中对所有交互所涉及的变量均进行中心化处理，以避免潜在的多重共线性问题。层次回归分析的每一步对应的回归模型及结果如表5.4所示。

表5.3　相关系数表

	1	2	3	4	5	6	7	8	9	10	11
团队创造力	(0.768)										
团队正念	0.583***	(0.721)									
团队自省	0.582***	0.416***	(0.759)								
团队情绪智力	0.468***	0.443***	0.382***	(0.792)							
任务难度	0.596***	0.396***	0.492***	0.212**	(0.733)						
团队规模	-0.043	0.036	-0.048	0.052	0.062	0.039					
团队年限	0.012	0.034	-0.030	0.086	0.053	0.003	0.052				
性别	-0.037	0.086	0.019	0.045	-0.052	0.018	0.039	-0.049**			
年龄	0.038*	-0.003*	0.199*	0.092	0.253	0.028	0.051	0.006	0.032		
学历	-0.081**	0.098	-0.012	0.014	0.033	0.066	0.231*	-0.080	0.738***	-0.141	
工作年限	0.039	-0.026	0.159	0.063	0.234						
均值	3.750	3.532	3.511	3.728	3.833	4.231	3.192	0.621	2.901	2.990	5.171
方差	0.730	0.419	0.563	0.684	0.747	1.284	0.981	0.413	1.243	1.010	2.384

注：对角线上括号内数值为根号下AVE的平方根。*表示$p<0.05$，**表示$p<0.01$，***表示$p<0.001$。

组织正念在企业管理中的应用
—— 对创造力的影响机制研究

表5.4　回归分析结果

	模型1	模型2	模型3	模型4	模型5	模型6	模型7	模型8	模型9	模型10	模型11	模型12	模型13	模型14
	团队自省	团队自省	团队自省	团队自省	团队情绪智力	团队情绪智力	团队情绪智力	团队情绪智力	团队创造力	团队创造力	团队创造力	团队创造力	团队创造力	团队创造力
团队正念		0.297***	0.200**	0.183*		0.235***	0.212***	0.203*		0.418***		0.293**		0.326***
团队自省											0.505***	0.420**		
团队情绪智力													0.426***	0.381**
任务难度			0.265***	0.248***			0.198*	0.182*						
团队正念与任务难度				0.167*				0.124						
性别	0.079	0.044	0.559	0.052	0.068	0.051	0.052	0.050	0.009	-0.040	-0.031	-0.059	-0.062	-0.069
年龄	0.104	0.101*	0.077	0.071	0.092	0.083	0.080	0.078	0.007	0.002	-0.046	-0.040	-0.048	-0.049
学历	-0.081	-0.089	-0.079	-0.092	0.004	0.003	0.003	0.003	-0.197	-0.207*	-0.155*	-0.169*	-0.123	-0.128
工作年限	-0.008	-0.006	-0.008	-0.008	0.053	0.050	0.050	0.048	-0.008	-0.005	0.004	-0.002	-0.006	-0.007
R^2	0.248***	0.323***	0.395***	0.408***	0.213***	0.295***	0.311***	0.328***	0.412***	0.492***	0.531***	0.566***	0.516***	0.551***

注：*表示 $p < 0.05$，**表示 $p < 0.01$，***表示 $p < 0.001$。

5.4.5　假设检验

5.4.5.1　团队正念与团队创造力

为了检验团队正念与团队创造力之间的关系（假设12），本研究用控制变量对团队创造力进行回归（模型9），在此基础上将团队正念加入回归方程，同时分析控制变量与团队正念对团队创造力的影响（模型10）。模型10表明，在对控制变量（团队特征等）进行控制的情况下，团队正念对团队创造力有正向影响作用，回归系数为 $\beta = 0.418$（$p < 0.001$），且 $R^2 = 0.492$（$p < 0.001$），假设12得到支持。

5.4.5.2　团队正念与团队自省

为了检验团队正念与团队自省之间的关系（假设13），用控制变量对团队自省进行回归（模型1），在此基础上将团队正念加入回归方程，同时分析控制变量与团队正念对团队自省的影响（模型2）。模型2表明，在对控制变量（团队特征等）进行控制的情况下，团队正念对团队自省有正向影响关系，回归系数为 $\beta = 0.297$（$p < 0.001$），且 $R^2 = 0.323$（$p < 0.001$），假设13得到支持。

5.4.5.3　团队正念与团队情绪智力

为了检验团队正念与团队情绪智力之间的关系（假设16），用控制变量对团队自省进行回归（模型5），在此基础上将团队正念加入回归方程，同时分析控制变量与团队正念对团队情绪智力的影响（模型6）。模型6表明，在对控制变量（团队特征等）进行控制的情况下，团队正念对团队情绪智力有正向影响，回归系数为 $\beta = 0.235$（$p < 0.001$），且 $R^2 = 0.295$（$p < 0.001$），假设16得到支持。

5.4.5.4　团队自省与团队创造力

为了检验团队自省与团队创造力之间的关系（假设14），用控制变量对团队创造力进行回归（模型5），在此基础上将团队自省加入回归方程，同时分析控制变量与团队自省对团队创造力的影响（模型11）。模型11表明，在对控制变量进行控制的情况下，团队自省对团队创造力有正向影响，回归系数为 $\beta = 0.505$（$p < 0.001$），且 $R^2 = 0.531$（$p < 0.001$），假设14得到支持。

5.4.5.5 团队情绪智力与团队创造力

为了检验团队情绪智力与团队创造力之间的关系（假设17），用控制变量对团队创造力进行回归（模型9），在此基础上将团队自省加入回归方程，同时分析控制变量与团队自省对团队创造力的影响（模型13）。模型13表明，在对控制变量进行控制的情况下，团队自省对团队创造力有正向影响，回归系数为 $\beta = 0.426$（$p < 0.001$），且 $R^2 = 0.516$（$p < 0.001$），假设17得到支持。

5.4.5.6 团队自省的中介作用

为了验证团队自省在团队正念与团队创造力之间关系的中介作用（假设15），在研究模型6的基础上加入团队自省，同时分析控制变量、团队正念、团队自省对团队创造力的影响（模型8）。模型8表明，在加入团队自省后，团队正念对团队创造力的影响关系由 0.418（$p < 0.001$）降低为 0.293（$p < 0.001$），同时团队自省对团队创造力亦有正向影响（$\beta = 0.420$，$p < 0.01$），表明团队自省部分中介团队正念与团队创造力之间发挥中介作用，即假设15得到支持。

5.4.5.7 团队情绪智力的中介作用

为了验证团队情绪智力在团队正念与团队创造力之间关系的中介作用（假设18），在研究模型6的基础上加入团队自省，同时分析控制变量、团队正念、团队情绪智力对团队创造力的影响（模型14）。模型14表明，在加入团队情绪智力后，团队正念对团队创造力的影响关系由 0.418（$p < 0.001$）降低为 0.326（$p < 0.001$），同时团队情绪对团队创造力亦有正向影响（$\beta = 0.381$，$p < 0.01$），表明团队自省在团队正念与团队创造力之间发挥中介作用，即假设18得到支持。

5.4.5.8 任务难度的调节作用

为了验证任务难度对团队正念与团队自省之间关系的调节作用，把调节变量任务难度引入回归模型，任务难度对团队正念与团队自省发挥调节作用。层次回归分析分四步进入回归方程。第一步，使团队背景变量、行业、所有制以及市场和技术不稳定性进入方程。第二步，采用逐步进入法使自变量（团队正念）进入方程。第三步，采用逐步进入法使调节变量（任务难度）进入方程。为了避免可能存在共线性问题，本研究对相关变量进行了中心化后再形成交互项，回归结果见表5.4。

当调节变量任务难度加入方程时，团队正念对团队自省仍有显著影响（$\beta = 0.200$，$p < 0.001$），$\Delta R^2 = 0.072$（$p < 0.001$）。第四步，团队正念与任务难度的交互作用项进入回归方程后，结果显示二者交互项系数 $\beta = 0.167$（$p < 0.05$），模型解释率 R^2 达到40.8%，ΔR^2 为0.007，在0.05水平上统计显著，表明任务难度在团队正念与团队自省之间起正向调节作用，假设19得到支持。

为了更直观地揭示任务难度对团队正念与团队创造力之间关系的调节作用，在图5.2中画出任务难度调节作用图。如图5.2所示，任务难度在团队正念与团队创造力之间起正向调节作用。具体而言，在任务难度高的情况下，团队正念对团队自省的促进作用强，而随着任务难度的减弱，团队正念对团队自省的促进作用逐渐降低。

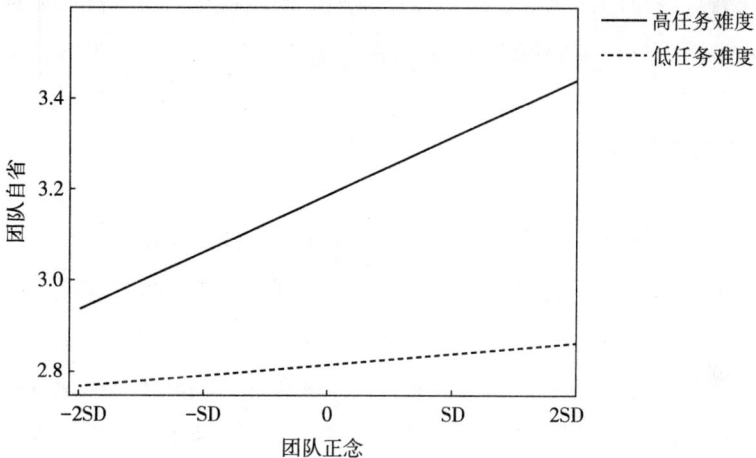

图5.2　任务难度对团队正念与团队自省关系的调节作用

表5.4的研究结果显示，团队正念与任务难度的交互作用项进入回归方程后，二者交互项与团队情绪智力不存在显著相关关系（$\beta = 0.124$，$p > 0.001$），表明任务难度对团队正念与团队情绪智力之间关系并未起到调节作用，假设20未得到支持。

5.4.5.9　任务难度调节的中介作用

为了验证任务难度是否调节团队正念、团队自省、团队创造力之间的关系，根据Zhang等人（2010）的验证程序，采用STATA编辑验证程序（Rabe-Hesketh et al.，2008）。采用Bootstrap抽样1000次的方法，根据Bias-Corrected

区间判断中介作用是否被调节。Bootstrap抽样分析结果显示，当在低任务难度下，团队正念、团队自省、团队创造力之间间接作用为0.069，Bias-Corrected置信区间为（0.042，0.126），包含0，说明在低任务难度下，团队正念、团队自省、团队创造力之间间接作用显著；当在高任务难度下，团队正念、团队自省、团队创造力之间间接作用为0.126，Bias-Corrected置信区间为（0.072，0.210），不包含0，说明在高任务难度下，团队正念、团队自省、团队创造力之间间接作用显著；在不同任务难度下，团队正念、团队自省、团队创造力之间间接作用差异为0.057，Bias-Corrected置信区间为（0.013，0.101），不包含0，表明差异显著，即任务难度调节团队正念、团队自省、团队创造力之间的关系，假设21得到支持。

由于任务难度对团队正念与团队情绪智力之间的调节作用并未得到支持，因此，任务难度对团队正念、团队情绪智力、团队创造力这一间接效应的调节作用也未得到支持，即假设22未得到验证。

5.5 本章小结

本研究基于社会认知理论，在验证团队正念与团队创造力基础上，深入分析团队自省在二者关系之间的中介作用，以及任务难度对团队正念与团队创造力之间的调节作用。通过对32家企业96个团队的分析发现，团队正念与团队自省、团队创造力正向相关，团队自省在团队正念与团队创造力之间起中介作用，并且任务难度调节团队正念、团队自省、团队创造力之间间接作用，具体如下。

首先，团队正念对团队自省、团队情绪智力和团队创造力产生直接作用。本研究的一个重点理论发现，团队正念会对团队自省和团队创造力带来积极的影响。高水平团队正念往往在团队中形成关注当下、团队互动中产生不同的观点，不加评判而积极地为解决问题而努力（Yu et al.，2019），团队正念促使团队关注当下问题，同时团队成员能更好地理解团队目标和集中精力投入工作，迅速形成团队协作的工作状态，不断探索寻求适合当下问题的最佳解决方案（Carter et al.，2015）。为了达到团队的这种效果，团队正念会引导团队不断反思和适应新的变化，思考最合适的方式，这是团队自省的重要特征（West，2000），同时，团队情绪智力得到有效激发，提高团队认知水平。因此，根据社会认知理论，本研究认为，通过团队不断的反思和调整既定的方案，以及提升团队情绪智力，团队工作更具灵活性和适应性，进而形成团队不断学习和进步的属性（Schippers et al., 2015），因此，团队正念与团队自省、团队情绪智力和团队创造力存在联系。团队适应市场变化、技术更新能提高团队绩效，因此，团队成员理解团队任务，团队形成相互支撑、协作的工作氛围，积极探讨问题，根据具体情况实时进行修正，以此提高团队创造力，这是对以往研究的补充和深化，以提高团队的适应性和进步性。本研究的目的是探讨团队正念与团队自省和团队创造力之间的关系，团队在非常专注的状态下，不断自我成长能为团队带来积极结果。本研究结论支持这一观点，团队正念会对团队自省、团队情绪智力和团队创造力带来积极影响。这一发现丰富了团队正念对团队创造力影响的研究。

其次，团队自省在团队正念与团队创造力之间发挥中介作用。本研究的第二个发现是团队正念与团队创造力之间关系部分通过团队自省传递。这一发现有利于解释团队正念作为一个"暗箱"团队特质对团队创造力的影响过程（Yu et al., 2019）。这一结果的发现提供了对团队正念如何影响团队创造力的理解，社会认知理论认为团队的特质会影响团队工作的状态或导向，进而会影响团队结果（Bandura, 1986）。在团队关注当下，不断探索，适应性地去寻找最优的解决方案时，团队正念会推进团队内不断反思，并根据具体情况的变化做出适应性行为，比如适应性地调整方案，运用新的技术更好地解决问题，并根据客户新的需求做出方案调整，提升团队创造力。团队反思这一团队行为活动，以学习寻求改进绩效，迎合市场变化、技术日益更新的需求，提升团队竞争力（Schippers et al., 2014）。因为团队积极主动反思，采取适应性活动促进团队产生解决问题新的思路和做法（Konradt et al., 2016），所以，团队自省这一中介变量对于理解团队正念与团队创造力之间的关系有重要作用。

再次，团队情绪在中介团队正念与团队创造力之间发挥中介作用。本研究的第三个发现是团队正念与团队创造力之间关系部分通过团队情绪智力传递，这一发现从另一个角度解释了团队正念对团队创造力的影响过程（Barczak et al., 2010）。团队关注当下，增加团队体验性，特别是不加评判的处理方式，使得团队成员更能理解团队工作要求和目标，团队内相互理解、共同协作完成任务，形成较好水平的团队情绪智力，团队整体工作呈现积极乐观的状态。团队正念鼓励团队成员关注当下，对不同的观点不加评判，甚至被认为是不合理的方案，也要认真听取并积极思考，对突发问题不以经验固定思维方式解决，提升团队解决问题的能力，进而会带来团队创造力的提升。合作、相互理解、充满信心，会更有利于团队创造力的提升（Gunsel et al.，2013）。

最后，任务难度调节团队正念与团队自省之间的关系，并调节团队正念—团队自省—团队创造力这个间接过程。本研究分析了团队正念与任务难度的交互作用对团队带来的影响，而这一主题尚未被研究。本研究预期团队正念的效应大小取决于团队任务难度。与理论预期一致，本研究实证分析发现任务难度调节团队正念与团队自省之间的关系。从社会认知理论出发，认为团队任务难度能够使团队内成员整体上积极参与突发事件或意料之外的情况变化（Jarkas，2017），有利于促进团队正念对团队自省的转化。这一调节效应的发现，有利于加深研究者对团队正念影响的边界条件的理解。

此外，本研究发现，团队的任务难度对团队正念与团队情绪智力关系的调节作用不显著，本研究认为可能有以下两个原因。首先，团队情绪智力是指团队内管理情绪过程的一种规范（Druskat et al.，2001），是团队作为一个整体处理团队内情绪的一种规范和能力（Park et al.，2017）。这一内涵和团队正念的概念有着本质的联系，具有正念特质的团队成员有积极的情感体验性（Good et al.，2016；Yu et al.，2018），即正念的团队本质上具有高水平的团队情绪智力。换言之，不管外界任务难度如何，正念的团队总会有积极的情感体验，因此，团队任务难度对团队正念与团队情绪智力之间关系的强化作用不明显。其次，团队的情绪过程与认知过程不同，团队任务难度越大，会通过团队正念促进团队反思过程和团队适应新的挑战的过程，以此促进团队自省的认知过程提升。而情绪智力的变化需要一定的时间，团队情绪智力是团队管理情绪的能力和规范（Druskat et al.，2001），团队任务难度增加带来新的挑战和风险（Wood，1986），团队可能需要一段时间来调整然后重构新的群体规范，这可能使其影响效果在短期内难以得到检验，也就是说，任务难度在团队正念对团队情绪智力作用的影响周期比较长（张志明等，2019）。

第6章 研究结论与研究展望

6.1 主要研究结论

本研究以社会信息加工理论、社会认知理论为依据，对团队正念、团队创造力、个体创造力形成机制进行探讨，开展了三个研究。子研究一为探索性案例研究，以实际访谈过程中获取工作场所团队正念的特征，以及对团队成员个体创造力和团队创造力的影响，并提出假设命题；子研究二从社会认知理论的视角，开展团队正念对团队成员个体创造力跨层次研究，考虑自我反思和个体情绪智力的中介作用，以及工作复杂性的调节作用；子研究三从社会信息加工理论的视角，开展团队正念对团队创造力的影响研究，考虑团队自省和团队情绪智力的中介作用，以及团队任务难度的调节作用。根据探索性案例研究的假设命题，在子研究二和子研究三实证研究中提出了相应的假设，表6.1为研究假设和结论汇总。

表6.1 研究假设检验结果汇总

序号	研究假设	研究结果
假设1	团队正念对个体创造力具有跨层次正向影响	支持
假设2	团队正念对自我反思具有跨层次正向影响	支持
假设3	自我反思正向影响团队成员个体创造力	支持
假设4	自我反思在团队正念与团队成员个体创造力之间发挥中介作用	支持
假设5	团队正念对个体情绪智力具有跨层次正向影响	支持
假设6	个体情绪智力正向影响团队成员个体创造力	支持
假设7	个体情绪智力在团队正念与团队成员个体创造力之间发挥中介作用	支持
假设8	工作复杂性在团队正念与自我反思之间发挥着跨层正向调节作用，工作复杂性越高越能在正念团队中促进自我反思，反之越弱	支持

表6.1（续）

序号	研究假设	研究结果
假设9	工作复杂性在团队正念与个体情绪智力之间发挥着跨层正向调节作用，工作复杂性越高越能在正念团队中促进个体情绪智力，反之越弱	支持
假设10	工作复杂性能调节团队正念、自我反思、个体创造力的关系，即当工作复杂性高时，团队正念通过自我反思对团队成员个体创造力的正向影响越强，反之越弱	支持
假设11	工作复杂性能调节团队正念、个体情绪智力、个体创造力的关系，即当工作复杂性高时，团队正念通过个体情绪智力对团队成员个体创造力的正向影响越强，反之越弱	支持
假设12	团队正念与团队创造力成正向关系	支持
假设13	团队正念正向影响团队自省	支持
假设14	团队自省正向影响团队创造力	支持
假设15	团队自省在团队正念与团队创造力之间发挥中介作用	支持
假设16	团队正念正向影响团队情绪智力	支持
假设17	团队情绪智力正向影响团队创造力	支持
假设18	团队情绪智力在团队正念与团队创造力之间发挥中介作用	支持
假设19	任务难度在团队正念与团队自省之间发挥着正向调节作用，任务难度越大对团队自省的正向影响越强，反之越弱	支持
假设20	任务难度在团队正念与团队情绪智力之间发挥着正向调节作用，任务难度越大对团队情绪智力的正向影响越强，反之越弱	不支持
假设21	团队任务难度调节团队正念、团队自省、团队创造力的关系，即团队任务难度越高，团队正念通过团队自省对团队创造力的正向影响越强，反之越弱	支持
假设22	团队任务难度调节团队正念、团队情绪智力、团队创造力的关系，即团队任务难度越高，团队正念通过团队情绪智力对团队创造力的正向影响越强，反之越弱	不支持

（1）子研究一，通过探索性案例研究，分析团队正念在团队中的表现特征和发挥的作用。

在子研究一中，选取6个团队作为研究对象，通过半开放式访谈的方式详细分析了团队正念在工作场所中的特点和作用。通过文献分析对变量及其对应关系进行编码，并开展探索性案例研究。在实际案例研究中发现团队正念的核心特征：体验性，即团队成员能感知团队工作状态和要求；关注当下，即团队遇到新的问题或突发事件时，能够集中精力，全面思考，积极应对，并提出合适可行的解决方案；不加评判的处理，即团队在解决问题的过程中，对不同的想法和观点更加包容，为解决问题接受不同观点，进行多方面思考的一种工作状态和认知过程，以应对新的问题和突发事件。探索团队正念对团队成员个体创造力的直接影响，获得团队成员自我反思、团队成员个体情绪智力、团队自省、团队情绪智力对提升团队成员个体创造力和团队创造力的可能中介作用。在探索性案例研究中，充分理解和考虑团队成员工作的复杂性程度和团队任务的难度，分析团队正念的有效性。通过6个团队探索性案例研究，提出假设命题。

（2）子研究二，团队正念通过自我反思、个体情绪智力对团队成员个体创造力产生作用，且工作复杂性发挥调节作用。

根据社会信息加工理论，子研究二探讨了团队正念如何影响团队成员个体创造力。通过调查数据，采用多层次线性分析技术，在控制组织特征、团队特征后，分析结果显示团队正念对团队成员个体创造力有正向影响作用。之后，在控制了团队成员年龄、性别、学历、工作年限后，分析了团队正念与团队成员自我反思之间的关系，以及团队正念与团队成员个体情绪智力之间的关系，研究结果显示，团队正念正向显著影响团队内成员自我反思和个体情绪智力的心理过程。接着，对团队成员自我反思、团队成员个体情绪智力分别与团队成员个体创造力之间的关系进行分析，研究发现团队成员的自我反思和个体情绪智力与团队成员个体创造力存在显著正向关系。更进一步研究发现，团队正念通过对团队成员自我反思和个体情绪智力程度的影响，进而影响团队成员个体创造力。

本研究基于相关理论，进一步提出工作复杂性会调节团队正念与团队成员自我反思之间的关系。因此，本研究通过层次回归分析得出结论：团队正念与工作复杂性的交互作用对团队成员自我反思、个体情绪智力的影响作用正向显著。换言之，在高工作复杂性情况下，团队正念对团队成员自我反思的影响作用更强。

在此基础上，本研究进一步分析了工作复杂性对团队正念—自我反思—个体创造力、团队正念—个体情绪智力—个体创造力这两个间接过程的调节作用。研究结果显示，在工作复杂性程度高情况下，团队正念通过团队成员的自我反思、个体情绪智力对团队成员个体创造力的间接作用正向显著，而在工作复杂性程度低的情况下，团队正念通过团队成员自我反思、个体情绪智力对团队成员个体创造力的间接作用不显著。同时，在不同的工作复杂性情况下，这一间接作用的差异显著。

（3）团队正念通过团队自省、团队情绪智力对团队创造力产生影响，且任务难度发挥调节作用。

根据社会认知理论，子研究三探讨了团队正念如何驱动团队创造力的形成。采用线性回归分析技术，在控制组织特征、团队特征后，分析结果显示团队正念对团队创造力存在显著的正向关系。之后，对团队正念与团队自省、团队情绪智力之间关系进行分析，研究结果显示团队正念与团队自省、团队情绪智力存在显著正向关系。更进一步分析发现，团队正念通过团队自省、团队情绪智力对团队正念产生间接作用，即团队自省在团队正念与团队创造力之间发挥中介作用。

本研究基于相关理论研究结果得出结论，团队正念与任务难度的交互项对团队自省、团队情绪智力的影响作用正向显著。换言之，在高水平任务难度下，团队正念对团队自省、团队情绪智力的影响作用更强。在此基础上，本研究进一步分析任务难度对团队正念—团队自省—团队创造力、团队正念—团队情绪智力—团队创造力这两个间接过程的调节作用。研究结果显示，在高任务难度下，团队正念通过团队自省对团队自省的作用正向显著；而在低任务难度下，团队正念通过团队自省对团队创造力的间接作用不显著。同时，在不同任务难度下，这一间接作用的差异显著。在实证检验中，任务难度对团队正念与团队情绪智力之间关系并未起到调节作用，由于任务难度对团队正念与团队情绪智力之间的调节作用并未得到支持，因此，任务难度对团队正念—团队情绪智力—团队创造力这一间接效应的调节作用也未得到支持。

6.2 研究贡献和管理启示

6.2.1 研究贡献

本研究根据社会信息加工理论和社会认知理论，探讨团队正念对团队成员个体创造力和团队创造力的作用机制。首先，通过访谈法和实际案例的探索性研究，分析团队正念在工作场所中的特点和作用；其次，通过跨层次研究，探讨团队正念对团队成员个体创造力的影响机制和边界条件；最后，探讨团队正念对团队创造力的影响机制和边界条件。通过对三个子研究的分析，帮助人们对团队正念如何以及何时对不同层次创造力的影响有更加清晰的认识。具体而言，本研究主要有以下三方面的研究贡献。

　　首先，本研究最主要的研究贡献是将正念拓展到团队层面进行研究，促进团队正念的结果从个体层次到团队层次的转变，深化对团队正念这一概念作用结果的理解。本研究通过案例研究以及两个实证研究探讨团队正念与多层次创造力之间的关系，不仅丰富了关于创造力影响因素的研究，也拓展了关于团队正念的研究。以往文献研究大都探讨团队正念如何影响个体层结果（Barry et al.，2010；Lebuda et al.，2016；Mendonca et al.，2018；Henriksen et al.，2020），然而，学者们对于团队正念如何对团队层结果产生影响的关注较少。尽管，近几年有少量学者开始关注团队正念如何给团队带来积极作用（Cleirigh et al.，2015；Oeij et al.，2016；Yu et al.，2018；倪丹等，2021），但是团队正念如何对团队层结果产生影响有待进一步探索。本研究基于这个研究背景，尝试深入探讨团队正念如何影响团队创造力，以期丰富团队正念带来的团队结果的研究。本研究拓展正念在团队层面的应用，为团队正念与创造力之间的关系提供新视角。

　　其次，通过双中介路径的探讨，明晰团队正念作用于多层次创造力的中间过程。本研究基于社会信息加工理论和社会认知理论，从"反思"和"情绪智力"的视角探讨团队正念如何对个体创造力和团队创造力产生影响，帮助我们理解团队正念的作用过程。一方面，本研究从"反思"的视角深入探讨团队正念对多层次创造力的影响，揭示团队正念如何通过提升员工反思和团队自省来促进个体创造力和团队创造力。具体而言，团队正念的非评判性处理过程，会促进员工自我反思和团队自省产生，而个体反思以及团队自省是对问题进行积极、反复、持续不断的深思过程（Dewey，1933；Grand et al.，2002；王智宁，2018）。对这一中介过程的探讨，不仅丰富了人们对团队正念特质的理解，而且扩大了自我反思、团队自省研究领域的内容，为探索团队正念如何从"自我反思或团队自省"视角激发创造力提供了新的思路。另一方面，本研究从"情绪智力"的视角深入探讨团队正念如何通过个体情绪智力和团队情绪智力分别对个体创造力和团队创造力的影响，帮助人们理解团队正念如何通过影响团队内的"情绪智力"，进而促进多层次创造力。团队正念积极的内部体验特征（Ostafin et al.，2012；Lyddy et al.，2021），促进团队内有较好的情绪体验，促进员工及团队在处理情境因素和应用压力时表现出情绪识别、理解、控制和管理的能力（段锦云等，2013；Jafri，2018），积极的情绪体验会促进员工和团队创造力（Jafri，2018；Malinowski et al.，2015）。因此，分别从跨层次和团队层研究中揭示"情绪智力"在团队正念和多层次创造力之间关系的中介作用，有利于帮助人们理解团队正念通过"积极情绪智力"验证机制对多层次创造力影响的中介机制，丰富和拓展了团队正念通过情绪智力对创造力影响的研究内容。通过双中介路径的研究，多视角打开团队正念对创造力作用的"黑箱"。

最后，通过对工作复杂性和任务难度调节作用的研究，进一步明确团队正念产生影响的边界条件。本研究从工作特征视角，研究发现团队正念和工作复杂性的交互项对团队成员自我反思和个体情绪智力有显著的正向影响。也就是说，在高工作复杂性情况下，团队正念对团队成员自我反思、个体情绪智力有更强的影响。同时研究结果表明，工作复杂性调节了两个间接过程，即团队正念—自我反思—个体创造力和团队正念—个体情绪智力—个体创造力。团队层面研究中团队任务难度具有正向调节作用。研究发现，团队正念与任务难度的交互项对团队自省的影响作用正向显著。也就是说，在高水平任务难度下，团队正念对团队自省的影响作用更强，研究进一步分析了任务难度对团队正念—团队自省—团队创造力过程中的调节作用，并得到了验证。本研究厘清了团队正念间接影响多层次创造力的边界条件，说明团队正念的工作状态，只有在高复杂工作的条件下，或在团队任务难度高的条件下，才能更有效地发挥体验性、关注当下、不加评判处理的团队正念特点，发挥团队正念对创造力的促进作用。这些探索，有利于人们从工作特征视角研究理解团队正念发挥作用的情境因素，深化认识团队正念产生作用的边界条件。

6.2.2 管理启示

6.2.2.1 借助团队正念，提升团队成员个体创造力和团队创造力

组织管理者应关注个体创造力的影响因素，个体创造力是团队保持核心竞争力的关键因素，是组织可持续发展的重要源泉。组织有必要从团队发展的角度分析团队成员个体创造力的影响因素。基于社会信息加工理论，本研究发现团队正念会通过员工自我反思和情绪智力进而促进员工创造力。因此，组织和管理者应该注重培养团队正念，具有正念特征的团队，在讨论中互相尊重，不加评判地倾听对方，可以鼓励团队成员进行自我反思。自我反思的过程是一个自我总结、自我学习、自我改进的认知过程，有助于个体在解决问题时产生新

的想法（Grant，et al.，2002）。个体情绪智力包括自我情绪评定、对他人情绪评定、情绪的使用和情绪控制（Wong et al.，2002）。正念团队中的积极工作特质可以激发团队成员更多地自我反思，提高团队成员的个体情绪智力，有助于提高个体创造力。因此，本研究建议组织和管理者可以采取必要措施从团队正念的三个特点培养团队正念，这有利于团队成员和正念团队能够关注当下，提升团队内部体验性、不加评判地畅所欲言，个体在这样的工作氛围中变得更加主动，思维更加活跃，发散性更强，能充分调动和链接各种认知资源（Amabile，1997；Anderson，2014），团队成员个体的内驱力增强，产生很多新颖的点子和想法，表现出高水平的创造力，进而提升整个团队的创造力。

6.2.2.2 设计或分配具有一定难度的工作任务，强化团队正念的积极作用

本研究发现，工作复杂性和团队任务难度是强化团队正念作用结果的重要情境因素。组织管理者应该重新审视工作设计的重要性，合理设计或分配具有一定难度或挑战性的工作任务，有助于团队正念发挥作用，从而促进创造力产生和提高（Chae et al.，2018）。通过工作、任务特征和要求的设计，可以有效地影响员工和团队的行为（Derek et al.，2003）。工作或任务挑战性不够，员工和团队容易按照传统的方式完成工作或任务，而不能发挥专业技能的潜力和创造性思维，不利于创造力产生和提高（尚玉钒等，2015；Thorvald et al.，2007）。管理者应在可能范围内，适当提高工作复杂性或调整任务难度，使员工和团队在团队正念的积极工作状态下，有强烈的动力促进员工个体的自我创新能力和团队整体的聪明才智（Golden et al.，2018；张钢等，2019），展现更高水平的个体创造力和团队创造力。

6.3 研究局限与未来研究方向

本研究基于社会信息加工理论和社会认知理论进行探索性案例研究，分别探讨团队正念对团队成员个体创造力、团队创造力的影响机制。但本研究仍存在一些不足，需要进一步研究。

（1）样本收集方面。本研究进行了大量的多渠道数据收集，共收集了32个企业96个团队325份有效问卷。在案例研究中，一共联系了10多家企业，最后访谈了9个团队，选取6个团队进行探索性案例研究，并提出假设命题。

在未来的研究中，应增加案例研究的样本量，在访谈过程中尽量采用面对面的交流方式，并且能创造机会观察或与团队成员共事。

（2）研究设计方面。首先，本研究采用多源数据收集方式，团队主管与团队成员各自填写问卷。在访谈过程中，团队主管和团队成员就各自的访谈提纲进行了交流。但是，由于受社会称许性影响，问卷填写者和受访者都可能夸大自己的创造力，从而影响结果。其次，本研究采取的是横截面数据设计的研究，在同一个时间点进行数据收集，研究团队正念与个体创造力、团队创造力等变量之间的关系，未来研究可以采用多元纵向数据收集方法，以避免研究中存在上述问题。

（3）研究内容方面。本研究主要研究团队正念对个体创造力和团队创造力的影响，从"反思"和"情绪智力"视角研究团队正念对多层次创造力的作用机制，未来的研究可以考虑选取其他视角，比如团队差异性（Gurtner et al.，2007）、工作压力视角（Bazarko，2013）、知识隐藏视角（杨刚等，2021）等来探索团队正念与多层次创造力之间的中介解释机制。此外，本研究选取工作复杂性和任务难度的调节机制进行解释，未来的研究可以考虑组织的创新性工作要求（马迎霜，2018）、领导风格（Ali et al.，2020）等因素的调节作用。

未来还可以深入研究团队正念的影响因素。正念在组织管理中的应用和研究，尤其是在团队层面的研究刚刚开始。团队正念的作用得到了证实，响应了对管理和组织中的集体正念进行更多研究的呼吁（Sutcliffe et al.，2016），本书研究团队正念在工作实践中的价值。团队经常面临市场、技术变化等带来的突发现象、新问题、新情况。管理者可以通过培养和实施团队正念更有效地应对不断出现的挑战（Hülsheger et al.，2013）。团队正念对团队结果有重要影响，但仅有少数研究关注团队正念的产生过程。因此，本研究认为，团队正念可以帮助团队成员和管理者支持高度成功的团队合作（Yu et al.，2018），而团队正念的影响因素有待进一步研究。

参考文献

［1］ Achor S,Gielan M,2015. The Busier You Are,the More You Need Mindfulness [J]. Harvard Business Review.

［2］ Aggarwal I,Woolley A W,2019. Team Creativity,Cognition,and Cognitive Style Diversity[J]. Management Science,65(4):1586-1599.

［3］ Aiken L S,1991. Multiple Regression:Testing and Interpreting Interactions [M]. Thousand Oaks:Sage Publications.

［4］ Ali A,Wang H,Soomro M A,et al,2020. Shared Leadership and Team Creativity:Construction Industry Perspective[J]. Journal of Construction Engineering & Management,146(10):1-13.

［5］ Amabile T M,1982. Social Psychology of Creativity:A Consensual Assessment Technique[J]. Journal of Personality and Social Psychology(5):997-1013.

［6］ Amabile T M,1983. The Social Psychology of Creativity:A Componential Conceptualization[J]. Journal of Personality and Social Psychology(2):357-376.

［7］ Amabile T M,1988. A Model of Creativity and Innovation in Organizations[J]. Research in Organizational Behavior,10(1):123-167.

［8］ Amabile T M,1993. What Does a Theory of Creativity Require?[J]. Psychological Inquiry,4(3):179-181.

［9］ Amabile T M,1997. Motivating Creativity In Organizations:On Doing What You Love And Loving What You Do[J]. California Management Review,40 (1):39-58.

［10］ Amabile T M,2017. In Pursuit of Everyday Creativity[J]. The Journal of Creative Behavior,51(4):335-337.

［11］ Amabile T M,Goldfarb P,Brackfleld S C,2009. Social Influences on Creativity:Evaluation,Coaction,and Surveillance[J]. Creativity Research Journal,3

(1):6-21.

[12] Amabile T M, Gryskiewicz N D, 1989. The Creative Environment Scales: Work Environment Inventory[J]. Creativity Research Journal, 2(4):231-253.

[13] Amabile T M, Khaire M, 2008. Creativity and the Role of the Leader[J]. Harvard Business Review, 86(10):100-109.

[14] Amabile T M, Pratt M G, 2016. The Dynamic Componential Model of Creativity And Innovation In Organizations: Making Progress, Making Meaning[J]. Research in Organizational Behavior, 36:157-183.

[15] Anderson N, Potočnik K, Zhou J, 2014. Innovation and Creativity in Organizations: A State-of-the-Science Review, Prospective Commentary, and Guiding Framework[J]. Journal of Management, 40(5):1297-1333.

[16] Arendt J F W, Verdorfer A P, Kugler K G, et al, 2019. Mindfulness and Leadership: Communication as a Behavioral Correlate of Leader Mindfulness and Its Effect on Follower Satisfaction[J]. Frontiers in Psychology, 10:1-16.

[17] Ashill N J, Jobber D, 2010. Measuring State, Effect, and Response Uncertainty: Theoretical Construct Development and Empirical Validation[J]. Journal of Management, 36(5):1278-1308.

[18] Ashkanasy N M, 2003. Emotions in Organizations: A Multi-level Perspective. Multi-level Issues in Organizational Behavior and Strategy[J]. Research in Multilevel Issues(2):9-54.

[19] Audenaert M, Vanderstraeten A, Buyens D, 2017. When Innovation Requirements Empower Individual Innovation: The Role of Job Complexity[J]. Personnel Review, 46(3):608-623.

[20] Baas M, Nevicka B, Ten Velden, et al, 2014. Specific Mindfulness Skills Differentially Predict Creative Performance[J]. Personality and Social Psychology Bulletin, 40(9):1092-1106.

[21] Baas M, Nevicka B, Ten Velden, et al, 2020. When Paying Attention Pays off: The Mindfulness Skill Act with Awareness Promotes Creative Idea Generation in Groups[J]. European Journal of Work and Organizational Psychology, 29(4):619-632.

[22] Baccarini D, 1996. The Concept of Project Complexity: A Review[J]. Interna-

tional Journal of Project Management, 14(4):201-204.

[23] Badham R, King E, 2021. Mindfulness at Work: A critical Review[J]. Organization, 28(4):531-554.

[24] Baer M, Oldham G R, 2006. The Curvilinear Relation between Experienced Creative Time Pressure and Creativity: Moderating Effects of Openness to Experience and Support for Creativity [J]. Journal of Applied Psychology, 91 (4):963-970.

[25] Baer M, Oldham G R, Cummings A, 2003. Rewarding Creativity: When does it Really Matter? [J]. Leadership Quarterly, 14(4/5):569-586.

[26] Bakhshi J, Ireland V, Gorod A, 2016. Clarifying the Project Complexity Construct: Past, Present and Future[J]. International Journal of Project Management, 34(7):1199-1213.

[27] Bam L, De Stobbeleir K, Vlok P J, 2019. Outcomes of Team Creativity: A Person-environment Fit Perspective[J]. Management Research Review, 42(6): 760-774.

[28] Bandura A, 1977. Self-efficacy: Toward a Unifying Theory of Behavioral Change[J]. Psychological Review, 84(2):191-215.

[29] Bandura A, 1986. Social Foundations of Thought and Action: A Social Cognitive Theory[M]. London: Prentice-Hall.

[30] Bandura A, 1997. Self-Efficacy: The Exercise of Control[M]. New York: W. H. Freeman & Company.

[31] Bandura A, 2001. Social Cognitive Theory: An Agentic Perspective[J]. Annual Review of Psychology, 52:1-26.

[32] Barczak G, Lassk F, Mulki J, 2010. Antecedents of Team Creativity: An Examination of Team Emotional Intelligence, Team Trust and Collaborative Culture [J]. Creativity and Innovation Management, 19(4):332-345.

[33] Barry D, Meisiek S, 2010. Seeing More and Seeing Differently: Sensemaking, Mindfulness, and the Workarts[J]. Organization Studies, 31(11):1505-1530.

[34] Basadur M, Hamilton, 2004. Leading Others to Think Innovatively Together: Creative Leadership[J]. Leadership Quarterly, 15(1):103-121.

[35] Bazarko D, Cate R A, Azocar F, et al, 2013. The Impact of an Innovative

Mindfulness-Based Stress Reduction Program on the Health and Well-Being of Nurses Employed in a Corporate Setting[J]. J. Workplace Behav. Health, 28(2):107-133.

[36] Berkovich-Ohana A, Glicksohn J, Ben-Soussan T D, et al, 2017. Creativity is Enhanced by Long-Term Mindfulness Training and is Negatively Correlated with Trait Default-Mode-Related Low-Gamma Inter-Hemispheric Connectivity [J]. Mindfulness,8(3):717-727.

[37] Bigley G A, Roberts K H, 2001. The Incident Command System: High-Reliability Organizing for Complex and Volatile Task Environments[J]. The Academy of Management Journal,44(6):1281-1299.

[38] Bishop S R, Lau M, Shapiro S, et al, 2004. Mindfulness: A Proposed Operational Definition[J]. Clinical Psychology:Science & Practice(3):230-241.

[39] Bjorvatn T, Wald A, 2018. Project Complexity and Team-Level Absorptive Capacity as Drivers of Project Management Performance[J]. International Journal of Project Management,36(6):876-888.

[40] Boon A, Vangrieken K, Dochy F, 2016. Team Creativity versus Team Learning: Transcending Conceptual Boundaries to Inspire Future Framework Building[J]. Human Resource Development International,19(1):67-90.

[41] Boyd E M, Fales A W, 1983. Reflective Learning:Key to Learning from Experience[J]. Journal of Humanistic Psychology(2):99-117.

[42] Brown K W, Ryan R M, 2003. The Benefits of Being Present: Mindfulness and its Role in Psychological Well-being[J]. Journal of Personality and Social Psychology,84(4):822-848.

[43] Brown K W, Ryan R M, Creswell J D, 2007. Mindfulness:Theoretical Foundations and Evidence for its Salutary Effects[J]. Psychological Inquiry,18(4):211-237.

[44] Burton J P, Barber L K, 2019. The Role of Mindfulness in Response to Abusive Supervision[J]. Journal of Managerial Psychology,34(5):339-352.

[45] Byrne E K, Thatchenkery T, 2018. How to Use Mindfulness to Increase Your Team's Creativity[J]. Harvard Business Review:2-4.

[46] Byrne E K, Thatchenkery T, 2019. Cultivating Creative Workplaces through

Mindfulness[J]. Journal of Organizational Change Management, 32(1): 15-31.

[47] Callari T C, McDonald N, Kirwan B, et al, 2019. Investigating and Operationalising the Mindful Organising Construct in an Air Traffic Control Organisation [J]. Safety Science, 120: 838-849.

[48] Campbell D J, 1988. Task Complexity: A Review and Analysis[J]. Academy of Management, 13(1): 40-52.

[49] Caniëls M C J, Rietzschel E F, 2015. Organizing Creativity: Creativity and Innovation under Constraints [J]. Creativity and Innovation Management, 24 (2): 184-196.

[50] Capurso V, Fabbro F, Crescentini C, 2014. Mindful Creativity: The Influence of Mindfulness Meditation on Creative Thinking[J]. Frontiers in Psychology (4): 1-2.

[51] Carlo J, Lyytinen K, Boland R J, 2012. Dialectics of Collective Minding: Contradictory Appropriations of Information Technology in a High-Risk Project [J]. MIS Quality, 36(4): 1081-1108.

[52] Carson S H, Langer E J, 2006. Mindfulness and Self-acceptance[J]. Journal of Rational-Emotive & Cognitive Behavior Therapy, 24(1): 29-43.

[53] Carter N T, Carter D R, DeChurch L A, 2015. Implications of Observability for the Theory and Measurement of Emergent Team Phenomena[J]. Journal of Management, 44(4): 1398-1425.

[54] Carter S M, West M A, 1998. Reflexivity, Effectiveness, and Mental Health in BBC-TV Production Teams[J]. Small Group Research, 29(5): 583-601.

[55] Carver C S, 2006. Approach, Avoidance, and the Self-regulation of Affect and Action[J]. Motivation and Emotion, 30(2): 105-110.

[56] Cassone A R A U, Athabasca A B, 2015. Mindfulness Training as an Adjunct to Evidence-Based Treatment for ADHD within Families[J]. Journal of Attention Disorders(2): 147-157.

[57] Chae H, Choi J N, 2018. Contextualizing the Effects of Job Complexity on Creativity and Task Performance: Extending Job Design Theory with Social and Contextual Contingencies[J]. Journal of Occupational and Organizational Psy-

chology,91:316-339.

[58] Chen C,Liu X,2020. Linking Team-member Exchange Differentiation to Team Creativity[J]. Leadership & Organization Development Journal(2):208-219.

[59] Chen J,Bamberger P A,Song Y,et al,2018. The Effects of Team Reflexivity on Psychological Well-Being in Manufacturing Teams[J]. Journal of Applied Psychology,103(4):443-462.

[60] Chen L,Liu S,Wang Y,et al,2021. Humble Leader Behavior and Team Creativity: the Team Learning Perspective[J]. Journal of Managerial Psychology (3):272-284.

[61] Chen X,Liu J,Zhang H,et al,2019. Cognitive Diversity and Innovative Work Behaviour: The Mediating Roles of Task Reflexivity and Relationship Conflict and the Moderating Role of Perceived Support [J]. Journal of Occupational and Organizational Psychology,92(3):671-694.

[62] Cheung S Y,Huang E G,Chang S,et al,2020. Does being Mindful Make People More Creative at Work? The Role of Creative Process Engagement and Perceived Leader Humility[J]. Organizational Behavior and Human Decision Processes,159:39-48.

[63] Chinchilla A,Garcia M,2017. Social Entrepreneurship Intention: Mindfulness Towards a Duality of Objectives[J]. Humanistic Management Journal,1 (2):205-214.

[64] Choi E,Gruman J A,Leonard C M,2021. A Balanced View of Mindfulness at Work[J]. Organizational Psychology Review,12(1):35-72.

[65] Chompunuch S,Ribiere V,Chanal V,2019. Team Creativity:Systematic Literature Review[C]. Proceedings of ISPIM Conferences:1-13.

[66] Chung-Yan G A,2010. The Nonlinear Effects of Job Complexity and Autonomy on Job Satisfaction,Turnover,and Psychological Well-Being[J]. Journal of Occupational Health Psychology,15(3):237-251.

[67] Chung-Yan G A,Butler A M,2011. Proactive Personality in the Context of Job Complexity [J]. Canadian Journal of Behavioural Science,43(4):279-286.

［68］ Cleirigh D O, Greaney J, 2015. Mindfulness and Group Performance: An Exploratory Investigation into the Effects of Brief Mindfulness Intervention on Group Task Performance[J]. Mindfulness, 6(3): 601-609.

［69］ Colzato L S, Ozturk A, Hommel B, 2012. Meditate to Create: The Impact of Focused-attention and Open-monitoring Training on Convergent and Divergent Thinking[J]. Frontiers in Psychology(3): 1-5.

［70］ Cooren F, 2016a. Arguments for the In-Depth Study of Organizational Interactions[J]. Management Communication Quarterly, 19(3): 327-340.

［71］ Cooren F, 2016b. The Communicative Achievement of Collective Minding[J]. Management Communication Quarterly, 17(4): 517-551.

［72］ Csikszentmihalyi M, 1999. Implications of a Systems Perspective for the Study of Creativity [M] // STERNBERG R J. Handbook of Creativity. New York: Cambridge University Press: 313-335.

［73］ Curtis A M, Dennis A R, McNamara K O, 2017. From Monologue to Dialogue: Performative Objects to Promote Collective Mindfulness in Computer-Mediated Team Discussions[J]. Mis Quarterly, 41(2): 559-581.

［74］ Damen I V S, Dam K V, 2016. Self-reflection as a Mediator between Self-efficacy and Well-being[J]. Journal of Managerial Psychology, 31(1): 18-33.

［75］ Dane E, 2010. Paying Attention to Mindfulness and its Effects on Task Performance in the Workplace[J]. Journal of Management, 37(4): 997-1018.

［76］ Dane E, Brummel B J, 2014. Examining Workplace Mindfulness and its Relations to Job Performance and Turnover Intention [J]. Human Relations, 67 (1): 105-128.

［77］ Darling-Hammond L, Flook L F, Cook-Harvey C, et al, 2020. Implications for Educational Practice of the Science of Learning and Development [J]. Applied Developmental Science, 24(2): 97-140.

［78］ Daudelin M W, 1996. Learning from Experience through Reflection[J]. Organizational Dynamics, 24(3): 36-48.

［79］ Davidson R J, 2010. Empirical Explorations of Mindfulness: Conceptual and Methodological Conundrums[J]. Emotion, 10(1): 8-11.

［80］ Davidson R J, Kaszniak A W, 2015. Conceptual and Methodological Issues in

Research on Mindfulness and Meditation[J]. American Psychologist,70(7): 581-592.

[81] De Dreu C K W, Baas M, Nijstad B A, 2008. Hedonic Tone and Activation Level in the Mood-Creativity Link:Toward a Dual Pathway to Creativity Model [J]. Journal of Personality and Social Psychology,94(5):739-756.

[82] De Dreu C K W, Nijstad B A, Bechtoldt M N, et al, 2011. Group Creativity and Innovation:A Motivated Information Processing Perspective[J]. Psychology of Aesthetics Creativity and the Arts,5(1):81-89.

[83] Derek C Man, Simon S K Lam, 2003. The Effects of Job Complexity and Autonomy on Cohesiveness in Collectivistic and Individualistic Work Groups:A Cross-cultural Analysis[J]. Journal of Organizational Behavior,24:979-1001.

[84] Dewey J, 1933. How we Think:A Restatement of the Relation of Reflective Thinking to the Educational Process[M]. Boston:Heath & Co Publishers.

[85] Dierynck B, Leroy H, Savage G T, et al, 2017. The Role of Individual and Collective Mindfulness in Promoting Occupational Safety in Health Care [J]. Medical Care Research and Review,74(1):79-96.

[86] Drazin R E U, Glynn M A, Kazanjian R K, 1999. Multilevel Theorizing about Creativity in Organizations:A Sensemaking Perspective[J]. The Academy of Management Review,24(2):286-307.

[87] Druskat V, Wolff S, 2001. Group Emotional Intelligence and its Influence on Group Effectiveness [M]∥Cherniss C, Goleman D. The Emotionally Intelligent Workplace:How to Select for, Measure, and Improve Emotional Intelligence in Individuals, Groups, and Organizations. San Francisco:Jossey-Bass: 132-155.

[88] Eby L T, Allen T , Conley K M, et al, 2019. Mindfulness-based Training Interventions for Employees:A Qualitative Review of the Literature [J]. Human Resource Management Review,29(2):156-178.

[89] Edmondson A, 1999. Psychological Safety and Learning Behavior in Work Teams[J]. Administrative Science Quarterly,44(2):350-383.

[90] Eisenhardt K M, 1989. Building Theories from Case Study Research[J]. The Academy of Management Review,14(4):532-550.

[91] Farnese M L, Livi S, 2016. How Reflexivity Enhances Organizational Innovativeness: The Mediation Role of Team Support for Innovation and Individual Commitment [J]. Knowledge Management Research & Practice, 14(4): 525-536.

[92] Geisler F C M, Bechtoldt M N, Oberlaender N, et al, 2018. The Benefits of a Mindfulness Exercise in a Performance Situation [J]. Psychological Reports, 121(5): 853-876.

[93] Gelles D, 2015. Mindful Work: How Meditation is Changing Business from the Inside out [M]. Boston: Houghton Mifflin Harcourt.

[94] George J M, Zhou J, 2002. Understanding When Bad Moods Foster Creativity and Good Ones don't: The Role of Context and Clarity of Feelings [J]. Journal of Applied Psychology, 87(4): 687-697.

[95] Gibson C B, 2001. From Knowledge Accumulation to Accommodation: Cycles of Collective Cognition in Work Groups [J]. Journal of Organizational Behavior, 22: 121-134.

[96] Gilson L L, Lim H S, Luciano M M, et al, 2013. Unpacking the Cross-level Effects of Tenure Diversity, Explicit Knowledge, and Knowledge Sharing on Individual Creativity [J]. Journal of Occupational and Organizational Psychology, 86(2): 203-222.

[97] Gilson L L, Mathieu J E, Shalley C E, et al, 2005. Creativity and Standardization: Complementary or Conflicting Drivers of Team Effectiveness? [J]. Academy of Management Journal, 48(3): 521-531.

[98] Golden T D, Gajendran R S, 2018. Unpacking the Role of a Telecommuter's Job in Their Performance: Examining Job Complexity, Problem Solving, Interdependence, and Social Support [J]. Journal of Business and Psychology, 34(1): 55-69.

[99] Gong Y, Huang J-C, Farh J-L, 2009. Employee Learning Orientation, Transformational Leadership, And Employee Creativity: The Mediating Role Of Employee Creative Self-Efficacy [J]. Academy of Management Journal, 52(4): 765-778.

[100] Gong Y, Kim T-Y, Lee D-R, et al, 2013. A Multilevel Model of Team Goal

Orientation, Information Exchange, and Creativity[J]. Academy of Management Journal, 56(3):827-851.

[101] Good D J, Lyddy C J, Glomb T M, et al, 2016. Contemplating Mindfulness at Work: An Integrative Review[J]. Journal of Management, 42(1):114-142.

[102] Grant A M, Franklin J, Langford P, 2002. The Self-reflection and Insight Scale: A New Measure of Private Self-consciousness[J]. Social Behavior and Personality, 30(8):821-835.

[103] Gunsel A, Acikgoz A, 2013. The Effects of Team Flexibility and Emotional Intelligence on Software Development Performance[J]. Group Decision and Negotiation, 22(2):359-377.

[104] Guo J, Su Q, Zhang Q, 2017. Individual Creativity during the Ideation Phase of Product Innovation: An Interactional Perspective[J]. Creativity and Innovation Management, 26(1):31-48.

[105] Guo W, Gan C, Wang D, 2020. The Mobility of Team Members and Team Creativity: Exploring the Mediating Role of Team Cognition[J]. Journal of Organizational Change Management, 33(6):1111-1122.

[106] Gurtner A, Tschan F, Semmer N K, et al, 2007. Getting Groups to Develop Good Strategies: Effects of Reflexivity Interventions on Team Process, Team Performance, and Shared Mental Models[J]. Organizational Behavior and Human Decision Processes, 102(2):127-142.

[107] Hafenbrack A C, 2017. Mindfulness Meditation as an On-The-Spot Workplace Intervention[J]. Journal of Business Research, 75:118-129.

[108] Hales D N, Kroes J, Chen Y, et al, 2012. The Cost of Mindfulness: A Case Study[J]. Journal of Business Research, 65(4):570-578.

[109] Hao N, Ku Y, Liu M, et al, 2016. Reflection Enhances Creativity: Beneficial Effects of Idea Evaluation on Idea Generation[J]. Brain and Cognition, 103:30-37.

[110] Harrington R, Loffredo D A, 2011. Insight, Rumination, and Self-Reflection as Predictors of Well-Being[J]. Journal of Psychology, 145(1):39-57.

[111] Henriksen D, Richardson C, Shack K, 2020. Mindfulness and Creativity: Implications for Thinking and Learning[J]. Thinking Skills and Creativity, 37:

1-10.

[112] Hinsz V B, Tindale R S, Vollrath D A, 1997. The Emerging Conceptualization of Groups as Information Processors [J]. Psychological Bulletin, 121 (1):43-64.

[113] Hong Y-C, Choi I, 2011. Three Dimensions of Reflective Thinking in Solving Design Problems: a Conceptual Model[J]. Educational Technology Research and Development, 59(5):687-710.

[114] Hülsheger U R, Alberts H J E M, Feinholdt A, et al, 2013. Benefits of Mindfulness at Work: The Role of Mindfulness in Emotion Regulation, Emotional Exhaustion, and Job Satisfaction[J]. Journal of Applied Psychology, 98(2): 310-333.

[115] Isen A M, Daubman K A, Nowicki G P, 1987. Positive Affect Facilitates Creative Problem Solving[J]. Journal of Personality and Social Psychology(6): 1122-1131.

[116] Jackson K T, 2018. Mindful Work: How Meditation is Changing Business from the Inside out[J]. Journal of Management, Spirituality & Religion, 15 (3):277-281.

[117] Jafri M H, 2018. Moderating Role of Job Autonomy and Supervisor Support in Trait Emotional Intelligence and Employee Creativity Relationship [J]. Journal of Business Perspective, 22(3):253-263.

[118] Jarkas A M, 2017. Contractors' Perspective of Construction Project Complexity: Definitions, Principles, and Relevant Contributors[J]. Journal of Professional Issues in Engineering Education and Practice, 143(4):04017007.

[119] Jaussi K S, Dionne S D, 2003. Leading for Creativity: The Role of Unconventional Leader Behavior[J]. Leadership Quarterly, 14(4/5):475-498.

[120] Toaddy S, 2017. Mindfulness in Organizations: Foundations, Research, And Applications[J]. Personal Psychology, 70(1):303-306.

[121] Johari J, Razali N, Zainun N F H, et al, 2022. Job Characteristics and Work Engagement: The Moderating Role of Emotional Intelligence [J]. Performance Improvement Quarterly, 34(4):687-716.

[122] Cox J D, Mitcheva C, Cole M L, 2021. The Impact of Emotional Intelligence

on Emotional Contagion: Implications for Teams[J]. Journal of Organizational Psychology, 21(3): 10-22.

[123] Jordan S, Messner M, Becker A, 2009. Reflection and Mindfulness in Organizations: Rationales and Possibilities for Integration[J]. Management Learning, 40(4): 465-473.

[124] Yin K R, 2014. 案例研究方法的应用[M]. 周海涛, 夏欢欢, 译. 重庆: 重庆大学出版社.

[125] Yin K R, 2017. 案例研究: 设计与方法[M]. 周海涛, 史少杰, 译. 重庆: 重庆大学出版社.

[126] Maurits K, 1995. Wherever You Go, There You Are: Mindfulness Meditation in Everyday Life[J]. Behaviour Research and Therapy, 33(8): 996.

[127] Khedhaouria A, Montani F, Thurik R, 2017. Time Pressure and Team Member Creativity within R&D Projects: The Role of Learning Orientation and Knowledge Sourcing [J]. International Journal of Project Management, 35 (6): 942-954.

[128] Kiken L G, Garland E L, Bluth K, et al, 2015. A State to a Trait: Trajectories of State Mindfulness in Meditation during Intervention Predict Changes in Trait Mindfulness[J]. Personality and Individual Differences, 81: 41-46.

[129] Kim M J, Choi J N, Lee K, 2016. Trait Affect and Individual Creativity: Moderating Roles of Affective Climate and Reflexivity [J]. Social Behavior and Personality, 44(9): 1477-1498.

[130] Kirkman P, Brownhill S, 2020. Refining Professional Knowing as a Creative Practice: Towards a Framework for Self-Reflective Shapes and a Novel Approach to Reflection[J]. Reflective Practice, 21(1): 94-109.

[131] Kirton M, 1976. Adaptors and Innovators: A Description and Measure [J]. Journal of Applied Psychology, 61(5): 622-629.

[132] Kolb D A, 1984. Experiential Learning: Experience as the Source of Learning and Development[M]. Englewood Cliffs, NJ: Prentice-Hall International.

[133] Konradt U, Otte K P, Schippers M C, et al, 2016. Reflexivity in Teams: A Review and New Perspectives[J]. Journal of Psychology, 150(2): 151-172.

[134] Kurtzberg T R, 2005. Feeling Creative, Being Creative: An Empirical Study

of Diversity and Creativity in Teams[J]. Creativity Research Journal, 17(1): 51-65.

[135] Kurtzberg T R, Amabile T M, 2000. From Guilford to Creative Synergy: Opening the Black Box of Team - level Creativity [J]. Creativity Research Journal, 13(3/4): 285-294.

[136] Langer E, 2014. Mindfulness in the Age of Complexity[J]. Harvard Business Review China, 92(3): 60-66.

[137] Langer E J, 1989. Minding Matters: The Consequences of Mindlessness - Mindfulness[M]//Berkowitz L. Advances in Experimental Social Psychology. New York: Academic Press: 137-173.

[138] Langer E J, 1992. Matters of Mind: Mindfulness/Mindlessness in Perspective [J]. Consciousness and Cognition, 1(1): 289-305.

[139] Langer E J, Moldoveanu M, 2000. The Construct of Mindfulness[J]. Journal of Social Issue, 56(1): 1-9.

[140] LaPorte T R, Consolini P M, 1991. Working in Practice but Not in Theory: Theoretical Challenges of "High - Reliability Organizations" [J]. Journal of Public Administration Research and Theory, 1(1): 19-48.

[141] Lebuda I, Zabelina D L, Karwowski M, 2016. Mind Full of Ideas: A Meta - Analysis of the Mindfulness - Creativity Link[J]. Personality and Individual Differences, 93: 22-26.

[142] Lee L T-S, Sukoco B M, 2011. Reflexivity, Stress, and Unlearning in the New Product Development Team: The Moderating Effect of Procedural Justice[J]. R & D Management, 41(4): 410-423.

[143] Lei S, Qin C, Ali M, et al, 2021. The Impact of Authentic Leadership on Individual and Team Creativity: A Multilevel Perspective[J]. Leadership & Organization Development Journal, 42(4): 644-662.

[144] Leroy H, Anseel F, Dimitrova N G, et al, 2013. Mindfulness, Authentic Functioning, and Work Engagement: A Growth Modeling Approach[J]. Journal of Vocational Behavior, 82(3): 238-247.

[145] Leung A K-Y, Liou S, Tsai M-H, et al, 2020. Mood Creativity Relationship in Groups: The Role of Equality in Idea Contribution in Temporal Mood Ef-

fects[J]. Journal of Creative Behavior, 54(1):165-183.

[146] Li C-R, Li C-X, Lin C-J, et al, 2018. The Influence of Team Reflexivity and Shared Meta-knowledge on the Curvilinear Relationship between Team Diversity and Team Ambidexterity[J]. Management Decision, 56(5):1033-1050.

[147] Li J, Burch T C, Lee T W, 2017. Intra-individual Variability in Job Complexity over Time: Examining the Effect of Job Complexity Trajectory on Employee Job Strain[J]. Journal of Organizational Behavior, 38(5):671-691.

[148] Liu S, Wu Y H, Lin Z, 2017. Building Identity in Diverse Teams: The Effect of Paradoxical Leadership on Team Creativity[J]. Academy of Management Annual Meeting Proceedings(1):16140.

[149] Liu D, Jiang K, Shalley C E, et al, 2016. Motivational Mechanisms of Employee Creativity: A Meta-analytic Examination and Theoretical Extension of the Creativity Literature[J]. Organizational Behavior and Human Decision Processes, 137:236-263.

[150] Liu S, Wei H, Xin H, et al, 2021. Task Conflict and Team Creativity: The Role of Team Mindfulness, Experiencing Tensions, and Information Elaboration[J]. Asia Pacific Journal of Management, 39:1-32.

[151] Liu S, Xin H, Shen L, et al, 2020. The Influence of Individual and Team Mindfulness on Work Engagement[J]. Frontiers in Psychology, 10:1-8.

[152] Liu X, Zheng X, Yu Y, et al, 2022. How and When Team Average Individual Mindfulness Facilitates Team Mindfulness: The Roles of Team Relational Stress and Team Individual Mindfulness Diversity[J]. Journal of Organizational Behavior, 43(3):430-447.

[153] Lyddy C J, Good D J, Bolino M C, et al, 2021. The Costs of Mindfulness at Work: The Moderating Role of Mindfulness in Surface Acting, Self-Control Depletion, and Performance Outcomes[J]. The Journal of Applied Psychology, 106(12):1921-1938.

[154] Lyubovnikova J, Legood A, Turner N, et al, 2017. How Authentic Leadership Influences Team Performance: The Mediating Role of Team Reflexivity[J]. Journal oF Business Ethics, 141(1):59-70.

[155] Ma Y,Zhang H,Dai Y,2021. How Job Creativity Requirements Affects Employee Creativity: Evidence From a Across-Level Analysis[J]. Frontiers in Psychology,12:1-11.

[156] MacCann C,Jiang Y,BROWN L E,et al,2020. Emotional Intelligence Predicts Academic Performance: A Meta-Analysis[J]. Psychological Bulletin, 146(2):150-186

[157] Malinowski P,Lim H J,2015. Mindfulness at Work: Positive Affect,Hope, and Optimism Mediate the Relationship Between Dispositional Mindfulness, Work Engagement,and Well-Being[J]. Mindfulness,6(6):1250-1262.

[158] Marinova S V,Peng C,Lorinkova N,et al,2015. Change-oriented Behavior: A Meta-analysis of Individual and Job Design Predictors[J]. Journal of Vocational Behavior,88:104-120.

[159] Marks M A,Zaccaro S J,Mathieu J E,2000. Performance Implications of Leader Briefings and Team-interaction Training for Team Adaptation to Novel Environments[J]. Journal of Applied Psychology,85(6):971-986.

[160] Martins E C,Terblanche F,2003. Building Organizational Culture that Stimulates Creativity and Innovation[J]. European Journal of Innovation Management,6(1):64-74.

[161] Mascia D,Bjoerk J,Magnusson M G,2012. Organizing Ideation,Creativity and Innovation: The Role of Social Networks[J]. Creativity and Innovation Management,21(4):458-459.

[162] Mathieu J E,Heffner T S,Goodwin G F,et al,2000. The Influence of Shared Mental Models on Team Process and Performance [J]. Journal of Applied Psychology,85(2):273-283.

[163] Matsuo M,2018. Effects of Team Unlearning on Employee Creativity the Mediating Effect of Individual Reflection[J]. Journal of Workplace Learning,30 (7):531-544.

[164] Matthew C T,Sternberg R J,2009. Developing Experience-based Tacit Knowledge through Reflection[J]. Learning and Individual Differences,19 (4):530-540.

[165] Mayer J D,Roberts R D,Barsade S G,2008. Human Abilities: Emotional In-

telligence[J]. Annual Review of Psychology, 59:507-536.

[166] Mayer J D, Salovey P, Caruso D, et al, 2003. Measuring Emotional Intelligence with the MSCEIT V2. 0[J]. Emotion, 3:97-105.

[167] Mendonca H, Junca-Silva A, Ferreira M C, 2018. Mindfulness and Creativity at Work: Examining the Mediating Role of Well-being and Creative Self-efficacy[J]. Psychologie Du Travail Et Des Organisations, 24(1):68-85.

[168] Mikkelsen M F, 2020. Perceived Project Complexity: A Survey among Practitioners of Project Management[J]. International Journal of Managing Projects in Business, 14(3):680-698.

[169] Milliot J, 2014. The Mediational Effect of Regulatory Focus on the Relationships between Mindfulness and Job Satisfaction and Turnover Intentions[J]. Career Development International(5):494-507.

[170] Miron-Spektor E, Beenen G, 2015. Motivating Creativity: The Effects of Sequential and Simultaneous Learning and Performance Achievement Goals on Product Novelty and Usefulness[J]. Organizational Behavior and Human Decision Processes, 127:53-65.

[171] Mohammed S, Ferzandi L, Hamilton K, 2010. Metaphor No More: A 15-Year Review of the Team Mental Model Construct[J]. Journal of Management, 36 (4):876-910.

[172] Morgeson F P, Coll L M, 1999. The Structure and Function of Collective Constructs: Implications for Multilevel Research and Theory Development [J]. The Academy of Management Review, 24(2):249-265.

[173] Morgeson F P, Humphrey S E, 2006. The Work Design Questionnaire (WDQ): Developing and Validating a Comprehensive Measure for Assessing Job Design and the Nature of Work[J]. Journal of Applied Psychology, 91 (6):1321-1339.

[174] Mrazek M D, Franklin M S, Phillips D T, et al, 2013. Mindfulness Training Improves Working Memory Capacity and GRE Performance While Reducing Mind Wandering[J]. Psychological Science, 24(5):776-781.

[175] Mueller J S, Kamdar D, 2011. Why Seeking Help From Teammates Is a Blessing and a Curse: A Theory of Help Seeking and Individual Creativity in

Team Contexts[J]. Journal of Applied Psychology, 96(2):263-276.

[176] Müller E, Pintor S, Wegge J, 2018. Shared Leadership Effectiveness: Perceived Task Complexity as Moderator[J]. Team Performance Management: An International Journal, 24(5/6):298-315.

[177] Ndubisi N O, 2012. Mindfulness, Reliability, Pre-emptive Conflict Handling, Customer Orientation and Outcomes in Malaysia's Healthcare Sector[J]. Journal of Business Research, 65(4):537-546.

[178] Ngo L V, Nguyen Phong N, Lee J J, et al, 2020. Mindfulness and Job Performance: Does Creativity Matter?[J]. Australasian Marketing Journal, 28(3): 117-123.

[179] Nguyen N N, Nham P T, Takahashi Y, 2019. Relationship between Ability-Based Emotional Intelligence, Cognitive Intelligence, and Job Performance [J]. Sustainability, 11(8):1-16.

[180] Schutte N S, Malouff J M, 2011. Emotional Intelligence Mediates the Relationship Between Mindfulness and Subjective Well-being[J]. Personality and Individual Differences, 50:1116-1119.

[181] Oeij P R A, Dhondt S, Gaspersz J B R, et al, 2016. Can Teams Benefit from Using a Mindful Infrastructure When Defensive Behaviour Threatens Complex Innovation Projects? [J]. International Journal of Project Organisation and Management, 8(3):241-258.

[182] Oeij P R A, Van Vuuren T, Dhondt S, et al, 2018. Mindful Infrastructure as Antecedent of Innovation Resilience Behaviour of Project Teams[J]. Team Performance Management: An International Journal, 24(7/8):435-456.

[183] Oertel R, Antoni C H, 2014. Reflective Team Learning: Linking Interfering Events and Team Adaptation[J]. Team Performance Management, 20(7/8): 328-342.

[184] Ohly S, Fritz C, 2010. Work Characteristics, Challenge Appraisal, Creativity, and Proactive Behavior: A Multi-level Study [J]. Journal of Organizational Behavior, 31(4):543-565.

[185] Oldham G R, Fried Y, 2016. Job Design Research and Theory: Past, Present and Future [J]. Organizational Behavior and Human Decision Processes,

136:20-35.

[186] Ostafin B D, Kassman K T, 2012. Stepping out of History: Mindfulness Improves Insight Problem Solving[J]. Consciousness and Cognition: An International Journal(2):1031-1036.

[187] Park H J, Dhandra T K, 2017. The Effect of Trait Emotional Intelligence on the Relationship Between Dispositional Mindfulness and Self-esteem [J]. Mindfulness,8(5):1206-1211.

[188] Park N K, Jang W, Thomas E L, et al, 2020. How to Organize Creative and Innovative Teams: Creative Self-Efficacy and Innovative Team Performance [J]. Creativity Research Journal,33(2):168-179.

[189] Paulus P B, Dzindolet M, 2008. Social Influence, Creativity and Innovation [J]. Social Influence,3(4):228-247.

[190] Perry-Smith E J, 2014. Social Network Ties Beyond Nonredundancy: An Experimental Investigation of the Effect of Knowledge Content and Tie Strength on Creativity[J]. Journal of Applied Psychology(5):831-846.

[191] Perry-Smith J E, Mannucci P V, 2017. From Creativity to Innovation: The Social Network Drivers of the Four Phases of the Idea Journey[J]. Academy of Management Review(1):53-79.

[192] Pieterse A N, Van Knippenberg D, Van Ginkel W P, 2011. Diversity in Goal Orientation, Team Reflexivity, and Team Performance[J]. Organizational Behavior and Human Decision Processes,114(2):153-164.

[193] Rauter S, Weiss M, Hoegl M, 2018. Team Learning from Setbacks: A Study in the Context of Start-up Teams[J]. Journal of Organizational Behavior,39 (6):783-795.

[194] Reb J, Allen T, Vogus T J, 2020. Mindfulness Arrives at Work: Deepening Our Understanding of Mindfulness in Organizations [J]. Organizational Behavior and Human Decision Processes,159:1-7.

[195] Reb J, Narayanan J, Ho Z W, 2013. Mindfulness at Work: Antecedents and Consequences of Employee Awareness and Absent-mindedness[J]. Mindfulness,6(1):111-122.

[196] Reina C S, Kudesia R S, 2020. Wherever You Go, There You Become: How

Mindfulness Arises in Everyday Situations[J]. Organizational Behavior and Human Decision Processes, 159:78-96.

[197] Reitz M, Chaskalson M, 2020. Why Your Team Should Practice Collective Mindfulness[J]. Harvard Business Review:2-6.

[198] Rodgers C, 2002. Defining Reflection: Another Look at John Dewey and Reflective Thinking[J]. Teachers College Record, 104(4):842-866.

[199] Rong P, Li C, Xie J, 2019. Learning, Trust, and Creativity in Top Management Teams: Team Reflexivity as a Moderator[J]. Social Behavior and Personality: An International Journal, 47(5):1-14.

[200] Rosopa P J, McIntyre A L, Fairbanks I N, et al, 2019. Core Self-Evaluations, Job Complexity, and Net Worth: An Examination of Mediating and Moderating Factors[J]. Personality and Individual Differences, 150:1-5.

[201] Rupprecht S, Koole W, Chaskalson M, et al, 2019. Running too Far Ahead? Towards a broader understanding of Mindfulness in Organisations[J]. Current Opinion in Psychology, 28:32-36.

[202] Ryan R M, Deci E L, 2000. Intrinsic and Extrinsic Motivations: Classic Definitions and New Directions[J]. Contemporary Educational Psychology, 25(1):54-67.

[203] Sacramento C A, Fay D, West M A, 2013. Workplace Duties or Opportunities? Challenge Stressors, Regulatory Focus, and Creativity[J]. Organizational Behavior and Human Decision Processes, 121(2):141-157.

[204] Sajjad A, Shahbaz W, 2020. Mindfulness and Social Sustainability: An Integrative Review[J]. Social Indicators Research, 150(1):73-94.

[205] Salancik G R, Pfeffer J, 1978. A Social Information Processing Approach to Job Attitudes and Task Design[J]. Administrative Science Quarterly, 23(2):224-253.

[206] Salas E, Shuffler M L, Thayer A L, et al, 2015. Understanding and Improving Teamwork in Organizations: A Scientifically Based Practical Guide[J]. Human Resource Management, 54(4):599-622.

[207] San Cristobal J R, Carral L, Diaz E, et al, 2018. Complexity and Project Management: A General Overview[J]. Complexity(2):1-10.

[208] Schippers M C, Amy C Edmondson, West M A, 2014. Team Reflexivity as an Antidote to Team Information-Processing Failures[J]. Small Group Research, 45(6): 731-769.

[209] Schippers M C, Den Hartog D N, Koopman P L, et al, 2003. Diversity and Team Outcomes: The Moderating Effects of Outcome Interdependence and Group Longevity and the Mediating Effect of Reflexivity[J]. Journal of Organizational Behavior, 24(6): 779-802.

[210] Schippers M C, Homan A, Knippenberg D, 2013. To Reflect or not to Reflect: Prior Team Performance as a Boundary Condition of the Effects of Reflexivity on Learning and Final Team Performance[J]. Journal of Organizational Behavior, 34(1): 6-23.

[211] Schippers M C, West M A, Dawson J F, 2015. Team Reflexivity and Innovation: The Moderating Role of Team Context[J]. Journal of Management, 41 (3): 769-788.

[212] Schulman P R, 1993. The Negotiated Order of Organizational Reliability[J]. Administration and Society, 25(3): 353-372.

[213] Schulte E-M, Steffens S, Kauffeld S, et al, 2018. Mindfulness in Teams: Questionnaire Development and Suggestions for Application to Practice[J]. Zeitschrift fur Angewandte Organisationspsychologie, 49(2): 115-127.

[214] Schutte N S, Malouff J M, 2011. Emotional Intelligence Mediates the Relationship between Mindfulness and Subjective Well-being[J]. Personality and Individual Differences, 50(7): 1116-1119.

[215] Schwager I T L, Hülsheger U R, Lang J W B, 2016. Be Aware to be on the Square: Mindfulness and Counterproductive Academic Behavior[J]. Personality and Individual Differences, 93: 74-79.

[216] Shalley C E, Gilson L L, Blum T C, 2009. Interactive Effects of Growth Need Strength, Work Context, And Job Complexity on Self-Reported Creative Performance[J]. Academy of Management Journal, 52(3): 489-505.

[217] Shalley C E, Zhou J, Oldham G R, 2004. The Effects of Personal and Contextual Characteristics on Creativity: Where Should We Go from Here?[J]. Journal of Management, 30(6): 933-958.

[218] Shapiro S L, Carlson L E, Astin J A, et al, 2006. Mechanisms of Mindfulness [J]. Journal of Clinical Psychology, 62(3):373-386.

[219] Shaw J D, Gupta N, 2004. Job Complexity, Performance, and Well-Being: When Does Supplies-Values Fit Matter? [J]. Personnel Psychology, 57(4): 847-879.

[220] Shin S J, Kim T-Y, Lee J-Y, et al, 2012. Cognitive Team Diversity and Individual Team Member Creativity: A Cross-Level Interaction [J]. Academy of Management Journal, 55(1):197-212.

[221] Shin S J, Zhou J, 2007. When is Educational Specialization Heterogeneity Related to Creativity in Research and Development Teams? Transformational leadership as a moderator [J]. Journal of Applied Psychology, 92(6):1709-1721.

[222] Shin Y, 2014. Positive Group Affect and Team Creativity: Mediation of Team Reflexivity and Promotion Focus [J]. Small Group Research, 45(3):337-364.

[223] Shin Y, Kim M, Lee S-H, 2017. Reflection Toward Creativity: Team Reflexivity as a Linking Mechanism Between Team Goal Orientation and Team Creative Performance [J]. Journal of Business and Psychology, 32(6):655-671.

[224] Shteynberg G, 2018. A Collective Perspective: Shared Attention and the Mind [J]. Current Opinion in Psychology, 23:93-97.

[225] Silva D, Coelho A, 2019. The Impact of Emotional Intelligence on Creativity, the Mediating Role of Worker Attitudes and the Moderating Effects of Individual Success [J]. Journal of Management & Organization, 25(2):284-302.

[226] Silvia P J, Phillips A G, 2004. Self-awareness, Self-evaluation, and Creativity [J]. Personality and Social Psychology Bulletin, 30(8):1009-1017.

[227] Small E E, Rentsch J R, 2010. Shared Leadership in Teams: A Matter of Distribution [J]. Journal of Personnel Psychology, 9(4):203-211.

[228] Solansky S T, Stringer D, 2019. Collective Mind: A Study of Development and Team Performance [J]. Organization Development Journal, 37(3):59-70.

[229] Spiel C, Von Korff C, 1998. Implicit Theories of Creativity: the Conceptions

of Politicians, Scientists, Artists and School Teachers[J]. High Ability Studies, 9(1):43-58.

[230] Sternberg R J, 1985. Implicit Theories of Intelligence, Creativity, and Wisdom[J]. Journal of Personality & Social Psychology(3):607-627.

[231] Sternberg R J, Lubart T I, 1991. An Investment Theory of Creativity and Its Development[J]. Human Development, 34:1-31.

[232] Sternberg R J, Lubart T I, 1996. Investing in Creativity[J]. American Psychologist, 51(7):677-688.

[233] Sung S, Du J, Choi J, 2018. Cognitive Pathways of Team Climate for Creativity: Implications for Member Creativity and Job Performance[J]. Human Performance, 31(4):197.

[234] Sutcliffe K M, Vogus T J, Dane E, 2016. Mindfulness in Organizations: A Cross-Level Review[J]. Annual Review of Organizational Psychology and Organizational Behavior, 3(1):55-81.

[235] Tang C, Lu X, Naumann S, 2020. Intrinsic Motivation and Knowledge Sharing in the Mood-creativity Relationship[J]. Journal of Management & Organization:1-13.

[236] Tasci A D A, Wei W, Milman A, 2020. Uses and Misuses of the Case Study Method[J]. Annals of Tourism Research, 82:1-7.

[237] Thorvald H, Devaki R, 2007. The Influence of Degree of Expertise and Objective Task Complexity on Perceived Task Complexity and Performance[J]. Journal of Applied Psychology, 92(5):1320-1331.

[238] Tierney P, Farmer S M, 2002. Creative Self-efficacy: Its Potential Antecedents and Relationship to Creative Performance[J]. Academy of Management Journal, 45(6):1137-1148.

[239] Tjosvold D, Tang M M L, West M, 2004. Reflexivity for Team Innovation in China: The Contribution of Goal Interdependence[J]. Group & Organization Management, 29(5):540-559.

[240] Townsend J C, Da Silva N, Mueller L, et al, 2002. Attributional Complexity: A Link between Training, Job Complexity, Decision Latitude, Leader-member Exchange, and Performance[J]. Journal of Applied Social Psychology, 32

(1):207-221.

[241] Tu C P, Guo J J, 2020. The Relationship between Emotional Intelligence and Domain-Specific and Domain-General Creativity[J]. Journal of Creative Behavior, 54(2):337-349.

[242] Tuckey M R, Sonnentag S, Bryan J, 2018. Are State Mindfulness and State Work Engagement Related during the Workday?[J]. Work & Stress, 32(1):33-48.

[243] Ghuman, 2011. Building a Model of Group Emotional Intelligence[J]. Team Performance Management, 17(7):418-439.

[244] Van Der Vegt G, Emans B, Van De Vliert E, 2000. Team Members' Affective Responses to Patterns of Intragroup Interdependence and Job Complexity[J]. Journal of Management, 26(4):633-655.

[245] Van Knippenberg D, Van Ginkel W P, Homan A C, 2013. Diversity Mindsets and the Performance of Diverse Teams[J]. Organizational Behavior and Human Decision Processes, 121(2):183-193.

[246] Vendel M T, Rerup C, 2020. Collective Mindfulness in a Regenerating Organization: Ethnographic Evidence from Roskilde Festival[J]. Safety Science, 123:1-12.

[247] Vidal L A, Marle F, 2008. Understanding Project Complexity: Implications on Project Management[J]. Kybernetes, 37(8):1094-1110.

[248] Vidyarthi P R, Anand S, Liden R C, 2014. Do Emotionally Perceptive Leaders Motivate Higher Employee Performance? The Moderating Role of Task Interdependence and Power Distance[J]. Leadership Quarterly, 25(2):232-244.

[249] Vila-Vazquez G, Castro-Casal C, Alvarez-Perez D, 2020. From LMX to Individual Creativity: Interactive Effect of Engagement and Job Complexity[J]. International Journal of Environmental Research and Public Health, 17(8):1-18.

[250] Vogus T J, Sutcliffe K M, 2012. Organizational Mindfulness and Mindful Organizing: A Reconciliation and Path Forward[J]. Academy of Management Learning & Education, 11(4):722-735.

［251］ Brislin R W,1980. Translation and Content Analysis of Oral and Written Material[M]. Boston:Allyn And Bacon,Inc.

［252］ Wang Z,Cai S,Liu M,et al,2020. The Effects of Self-reflection on Individual Intellectual Capital[J]. Journal of Intellectual Capital,21(6):1107-1124.

［253］ Wang Z,Guan C,Cui T,et al,2021. Servant Leadership,Team Reflexivity, Coworker Support Climate,and Employee Creativity:A Multilevel Perspective[J]. Journal of Leadership and Organizational Studies,28(4):465-478.

［254］ Wang Z,Liu D,Cai S,2019. Self-reflection and Employee Creativity the Mediating Role of Individual Intellectual Capital and the Moderating Role of Concern for Face[J]. Chinese Management Studies,13(4):895-917.

［255］ Weick K E,Jossey-Bass K M S,2001. Managing the Unexpected[J]. Insight, 8(1):47-47.

［256］ Weick K E,Putnam T,2006. Organizing for Mindfulness-Eastern Wisdom and Western Knowledge[J]. Journal of Management Inquiry,15(3):275-287.

［257］ Weick K E,Roberts K H,1993. Collective MInd in Organizations:Heedful Interrelating on Flight Decks[J]. Administrative Science Quarterly,38(3): 357-381.

［258］ Weick K E,Sutcliffe K A,2006. Mindfulness and the Quality of Organizational Attention[J]. Organization Science,17(4):514-524.

［259］ Weick K E,Sutcliffe K M,Obstfeld D,1999. Organizing for High Reliability: Processes of Collective Mindfulness Research in Organizational Behavior [J]. Crisis Management,3(1):81-123.

［260］ West M A,1996. Reflexivity and Work Group Effectiveness:A Conceptual Integration[M]//West M A. Handbook of Work Group Psychology Chichester. Chichester:Wiley:555-579.

［261］ West M A,2000. Reflexivity,Revolution,and Innovation in Work Teams [J]//M M Beyerlein,Johnson D,Beyerlein S T. Product Development Teams (150):1-29.

［262］ West M A,2002. Sparkling Fountains or Stagnant Ponds:An Integrative Model of Creativity and Innovation Implementation in Work Groups[J]. Applied Psychology: An International Review, 51(3):355-387.

[263] West M A, Anderson N R, 1996. Innovation in Top Management Teams [J]. Journal of Applied Psychology, 81(6):680-693.

[264] Widmann A, Messmann G, Mulder R H, 2016. The Impact of Team Learning Behaviors on Team Innovative Work Behavior: A Systematic Review [J]. Human Resource Development Review, 15(4):429-458.

[265] Wolever R Q, Bobinet K J, McCabe K, et al, 2012. Effective and Viable Mind-Body Stress Reduction in the Workplace: A Randomized Controlled Trial [J]. Journal of Occupational Health Psychology, 17(2):246-258.

[266] Wong C S, Law K S, 2002. The Effects of Leader and Follower Emotional Intelligence on Performance and Attitude: An Exploratory Study [J]. The Leadership Quarterly, 13(3):243-274.

[267] Wood R E, 1986. Task Complexity: Definition of the Construct [J]. Organizational Behavior and Human Decision Process, 37:60-82.

[268] Woodman R W, Sawyer J E, Griffin R W, 1993. Toward a Theory of Organizational Creativity [J]. Academy of Management, 18(2):293-321.

[269] Wright P M, Boswell W R, 2002. Desegregating HRM: A Review and Synthesis of Micro and Macro Human Resource Management Research [J]. Journal of Management, 28(3):247-276.

[270] Wu C-M, Chen T-J, 2019. Inspiring Prosociality in Hotel Workplaces: Roles of Authentic Leadership, Collective mindfulness, and Collective Thriving [J]. Tourism Management Perspectives, 31:123-135.

[271] Yang M, Schloemer H, Zhu Z, et al, 2020. Why and When Team Reflexivity Contributes to Team Performance: A Moderated Mediation Model [J]. Frontiers in Psychology, 10:1-10.

[272] Yang T, 2019. The Salutary Role of Collective and Individual Mindfulness in Lean Management [J]. Industrial and Organizational Psychology - Perspectives on Science and Practice, 12(3):255-259.

[273] Yu L, Zellmer-Bruhn M, 2018. Introducing Team Mindfulness and Considering its Safeguard Role against Conflict Transformation and Social Undermining [J]. Academy of Management Journal, 61(1):324-347.

［274］ Yu L, Zellmer-Bruhn M, 2019. What Mindfulness Can Do for a Team［J］. Harvard Business Review:2-5.

［275］ Yuan F, Zhou J, 2015. Effects of Cultural Power Distance on Group Creativity and Individual Group Member Creativity［J］. Journal of Organizational Behavior, 36(7):990-1007.

［276］ Zellmer-Bruhn M E, 2003. Interruptive Events and Team Knowledge Acquisition［J］. Management Science, 49(4):514-528.

［277］ Zhang J, Ding W, Li Y, et al, 2013. Task Complexity Matters: The Influence of Trait Mindfulness on Task and Safety Performance of Nuclear Power Plant Operators［J］. Personality and Individual Differences, 55(4):433-439.

［278］ Zhang J, Wu C, 2014. The Influence of Dispositional Mindfulness on Safety Behaviors: A Dual Process Perspective［J］. Accid. Anal. Prev., 70:24-32.

［279］ Zhang X, Bartol K M, 2010a. The Influence of Creative Process Engagement on Employee Creative Performance and Overall Job Performance: A Curvilinear Assessment［J］. Journal of Applied Psychology, 95(5):862-873.

［280］ Zhang X, Bartol K M, 2010b. Linking Empowering Leadership and Employee Creativity: The Influence of Psychological Empowerment, Intrinsic Motivation, and Creative Process Engagement［J］. Academy of Management Journal, 53(1):107-128.

［281］ Zhou J, George J M, 2003. Awakening Employee Creativity: The Role of Leader Emotional Intelligence［J］. Leadership Quarterly, 14(4/5):545-568.

［282］ Zhou J, Hoever I J, 2014. Research on Workplace Creativity: A Review and Redirection［J］//Morgeson F P. Annual Review of Organizational Psychology and Organizational Behavior(1):333-359.

［283］ Zhou J, Oldham G R, 2001. Enhancing Creative Performance: Effects of Expected Developmental Assessment Strategies and Creative Personality［J］. Journal of Creative Behavior, 35(3):151-167.

［284］ Zhou J, Shin S J, Brass D J, et al, 2009. Social Networks, Personal Values, and Creativity: Evidence for Curvilinear and Interaction Effects［J］. Journal of Applied Psychology, 94(6):1544-1552.

［285］ Zhou J, Wang X M, Song L J, et al, 2017. Is It New? Personal and Contextual

Influences on Perceptions of Novelty and Creativity [J]. Journal of Applied Psychology,102(2):180-202.

［286］ Zivnuska S,Kacmar K M,Ferguson M,et al,2016. Mindfulness at Work:Resource Accumulation,Well-being,and Attitudes[J]. Career Development International,21(2):106-124.

［287］ 蔡华俭,符起俊,桑标,等,2001. 创造性的公众观的调查研究（Ⅰ）:关于高创造性者的特征[J]. 心理科学杂志(1):46-49.

［288］ 常涛,李雅馨,刘智强,2022. 地位冲突不对称与团队创造力的曲线关系研究[J]. 管理学报,19(1):46-55.

［289］ 陈浩彬,董海燕,汪凤炎,2021. 自我反思对智慧的影响:有调节的中介模型[J]. 心理科学,44(1):23-29.

［290］ 戴万亮,路文玲,2021. 责任型领导对员工责任式创新的涓滴效应:基于社会信息加工理论的解释[J]. 科学学与科学技术管理,42(7):121-138.

［291］ 戴屹,张昊民,俞明传,等,2021. 企业政策－实践一致性与员工工作绩效关系研究[J]. 管理学报,18(2):234-242.

［292］ 邓志华,肖小虹,陈江涛,2020. 员工创造力激发研究评述:多层次多视角机制与精神性动力[J]. 科技进步与对策,37(13):151-160.

［293］ 丁琳,2017. 国外个体创造力研究述评与展望[J]. 技术与创新管理,38(1):8-14.

［294］ 丁越兰,阿依努尔·许库尔,热依拉·依里木,2015. 管理视角下的情绪智力研究综述[J]. 西安财经学院学报,28(5):95-99.

［295］ 段锦云,田晓明,王先辉,2013. 情绪智力对员工创造力的影响[J]. 科研管理,34(8):106-114.

［296］ 方雯,王林雪,冯耕中,等,2014. 内在动机管理者情绪智力与员工创造力关系研究:基于三类所有制企业R&D背景的实证[J]. 科技进步与对策,31(7):142-148.

［297］ 奉小斌,2012. 研发团队跨界行为对创新绩效的影响:任务复杂性的调节作用[J]. 研究与发展管理,24(3):56-65.

［298］ 黄昱方,陈成成,张璇,2014. 虚拟团队交互记忆系统对团队绩效的影响:任务复杂性的调节作用[J]. 技术经济,33(7):9-16.

［299］ 惠子璇,张蔼娴,张思悦,2018. 变革型领导、团队自省与团队绩效三者关

系研究的文献综述[J].中国集体经济(12):56-58.

[300] 李柏洲,董恒敏,2017.团队自省性对团队知识共享能力影响机理研究:交互记忆系统的中介效应与社会资本的调节效应[J].科技进步与对策,34(15):120-126.

[301] 李懿,李新建,刘翔宇,2018.技能延展力与员工创新行为的关系研究:工作复杂性与心理安全感的调节作用[J].研究与发展管理,30(5):104-114.

[302] 梁冰倩,顾琴轩,2016.绩效目标导向与员工创造力:创新型文化感知的作用[J].上海管理科学,38(5):97-104.

[303] 刘生敏,信欢欢,沈莉,等,2019.正念能否产生工作场所创新绩效[J].科学学与科学技术管理,40(4):121-136.

[304] 刘伟国,房俨然,施俊琦,等,2018.领导创造力期望对团队创造力的影响[J].心理学报,50(6):667-677.

[305] 刘璇,张向前,2016.团队创造力研究理论评析[J].科技进步与对策,33(2):155-160.

[306] 刘洋,张宸铭,冯亚娟,2021.动态环境下正念型领导如何提高员工工作绩效[J].华东经济管理,35(12):120-128.

[307] 刘祯,2012.员工创造力绩效的国外新近研究综述[J].管理学家(学术版)(8):50-64.

[308] 罗瑾琏,门成昊,钟竞,2014.动态环境下领导行为对团队创造力的影响研究[J].科学学与科学技术管理(5):172-180.

[309] 吕洁,张钢,2013.团队认知的涌现:基于集体信息加工的视角[J].心理科学进展,21(12):2214-2223.

[310] 马君,闫嘉妮,2021.时间领导力、团队时间共识与团队创造力:基于员工同步偏好的调节作用[J].研究与发展管理,33(3):84-96.

[311] 马迎霜,张昊民,马君,2018.创新性工作要求与员工创造力:一个被调节的中介模型[J].预测,37(1):8-14.

[312] 倪丹,郑晓明,2018.辱虐管理对道德推脱的影响:基于自我调节理论[J].科学学与科学技术管理,39(7):144-159.

[313] 倪丹,郑晓明,刘鑫,等,2021.团队正念如何及何时影响团队有效性?以制造行业A公司为例[J].科学学与科学技术管理,42(6):164-186.

[314] 彭正银,韩炜,2011.任务复杂性研究前沿探析与未来展望[J].外国经济与管理,33(9):11-18.

[315] Quy H T,张昊民,马君,2016.绩效反馈、习得性无助与创造力的关系研究:失败学习行为的有中介的调节作用[J].企业管理研究,30(5):140-147.

[316] 沙开庆,杨忠,2015.国外团队创造力研究综述[J].经济管理,37(7):191-199.

[317] 尚玉钒,李磊,2015.领导行为示范、工作复杂性、工作调节焦点与创造力[J].科学学与科学技术管理,36(6):147-158.

[318] 申传刚,杨璟,胡三嫚,等,2020.辱虐管理的应对及预防:正念的自我调节作用[J].心理科学进展,28(2):220-229.

[319] 石金涛,张文勤,2008.研发团队的自省性研究:基于"投入-过程-产出"的视角[J].中国人力资源开发(4):6-11.

[320] 宋志刚,顾琴轩,2015.创造性人格与员工创造力:一个被调节的中介模型研究[J].心理科学,38(3):700-707.

[321] 苏敬勤,崔森,2011.探索性与验证性案例研究访谈问题设计:理论与案例[J].管理学报,8(10):1428-1437.

[322] 汤超颖,高嘉欣,2018.员工创造力从何而来? 创造力的影响因素和形成机理[J].中国人力资源开发,35(6):62-100.

[323] 王黎萤,陈劲,2010.国内外团队创造力研究述评[J].研究与发展管理,22(4):62-68.

[324] 王莉红,顾琴轩,俞明传,2016.创造力由个体向团队涌现的边界机制:目标共享与多元化视角[J].科技管理研究,36(20):123-129.

[325] 王仙雅,2015.科技人员情绪智力对创新绩效的影响:任务复杂性和情绪氛围的调节作用[J].商业研究(8):113-119.

[326] 王渊,2015.基于知识共享调节的临时团队中团队情绪智力、团队快速信任与团队绩效的作用机制分析[J].预测,34(6):8-13.

[327] 王永跃,张玲,2018.心理弹性如何影响员工创造力:心理安全感与创造力自我效能感的作用[J].心理科学,41(1):118-124.

[328] 王智宁,刘丹丹,叶新凤,2018.自我反思与员工创造力:被调节的中介作用[J].企业经济(12):115-122.

[329] 吴佳敏,2019. 团队任务特征对团队创造力影响的实证研究[J]. 经济研究导刊(3):127-128,132.

[330] 徐一心,徐琪,2016. 正念与创造力关系的研究综述[J]. 心理学进展,6(12):1240-1246.

[331] 杨刚,高梦竹,纪谱华,等,2021. 挑战性—阻碍性压力源是否导致员工知识隐藏？情绪耗竭与正念思维的作用[J]. 软科学,35(9):68-74.

[332] 姚柱,罗瑾琏,张显春,2020. "势不两立"还是"相得益彰"：领导下属正念一致性与创新绩效[J]. 科学学与科学技术管理,41(3):80-93.

[333] 余义勇,杨忠,2020. 团队领导跨界行为如何影响团队创造力？基于知识整合和团队氛围的整合视角[J]. 科学学与科学技术管理(12):129-144.

[334] 余吟吟,陈英葵,2014. 方法与变量：企业团队创造力研究现状述评与展望[J]. 科技管理研究(3):234-239.

[335] 张钢,乐晨,2017. 团队有效性研究新进展：团队适应研究综述[J]. 科技进步与对策,34(1):154-160.

[336] 张钢,李慧慧,2019. 任务复杂性对团队认知影响的案例研究[J]. 科技进步与对策,36(23):111-118.

[337] 张钢,李慧慧,刘建新,2018. 领导力分布对知识型团队创造力的影响：案例研究[J]. 技术经济,37(12):36-44.

[338] 张昊民,丁苗苗,杨涛,等,2015. 协和控制、成就目标导向对自我管理团队成员创造力的非线性影响：一项本土情境下的研究[J]. 科技进步与对策(22):133-140.

[339] 张昊民,杨涛,马君,2015. 自主管理团队的协和控制、成就目标导向对成员创造力的跨层次影响[J]. 科学学与科学技术管理(8):170-180.

[340] 张辉华,2021. 社会网络视角的团队情绪智力[J]. 心理科学进展,29(8):1381-1395.

[341] 张建卫,赵辉,李海红,等,2019. 团队思维方式影响团队科学创造力的过程机理[J]. 科学学研究(11):1933-1943.

[342] 张静,宋继文,王悦,2017. 工作场所正念：研究述评与展望[J]. 外国经济与管理,39(8):56-84.

[343] 张静,宋继文,郑晓明,等,2018. 基于调节性中介模型的领导与下属特质正念对工作投入的影响研究[J]. 管理学报,15(11):1629-1637.

［344］ 张韬,2016. 正念思维对员工创造力的影响:以自我效能感为中介[J]. 科技进步与对策,33(7):150-155.

［345］ 张永军,李亚,邓传军,等,2021. 团队间竞争对员工创造力和亲团队非伦理行为的影响:基于调节焦点理论的情境作用研究[J]. 珞珈管理评论(1):47-63.

［346］ 张志明,焦影,2019. 员工跨界行为对工作投入的影响:领导力涌现与任务复杂性的不同作用[J]. 河北科技大学学报(社会科学版),19(2):22-30.

［347］ 赵斌,刘桂霞,宇卫昕,等,2017. 差错管理氛围、工作复杂性对员工创新行为影响的跨层次研究[J]. 预测,36(5):15-23.

［348］ 赵红丹,刘微微,2018. 教练型领导、双元学习与团队创造力:团队学习目标导向的调节作用[J]. 外国经济与管理,40(10):66-80.

［349］ 郑凯,杨东,2016. 团队创造性及影响因素研究现状[J]. 心理技术与应用,4(2):102-109.

［350］ 郑晓明,倪丹,2018. 组织管理中正念研究述评[J]. 管理评论,30(10):153-168.

［351］ 周建涛,廖建桥,2018. 基于社会信息加工理论的谦逊领导对员工工作绩效的作用机制研究[J]. 管理学报,15(12):1789-1798.

［352］ 朱阳阳,2017. 团队心理安全、团队自省性与绩效的关系[J]. 技术与创新管理,38(1):94-99.

［353］ 诸彦含,陈国良,徐俊英,2020. 组织中的正念:基于认知的动态衍生过程及干预[J]. 心理科学进展,28(3):510-522.

［354］ 邹艳春,彭坚,印田彬,2018. 团队学习气氛对团队心理资本的影响:社会信息加工理论的视角[J]. 心理与行为研究,16(3):402-407.

附　录

附录1　团队主管版调查问卷

　　您好！感谢您参与此次问卷调查。本问卷采用匿名填写方式，您的答案将予以严格保密，仅用于研究。题目答案无对错之分，请结合您的工作情境，根据事实情况填写。再次表示感谢！

　　说明：团队主管在填写团队主管版调查问卷题目三时，首先根据团队内成员个数（如5个），写出员工1对应张三（名字可以缩写），员工2对应李四，员工3对应王五，员工4对应赵六，员工5对应陈七，等等。然后将团队成员版调查问卷标号1，2，3，4，5，确保将问卷1发给张三，问卷2发给李四，问卷3发给王五，问卷4发给赵六，问卷5发给陈七，等等。

上海大学管理学院课题组

2021年4月

　　一、您多大程度上认同对您的团队工作时状态的描述，以1~5的数字表示您的看法：1—完全不同意；5—完全同意。在您选择的答案上画圈。

序号	题　项	认同程度				
1	对于团队来说，很难将注意力集中在目前正在做的项目上	1	2	3	4	5
2	团队成员没有真正了解任务的要求和难度而匆忙完成任务	1	2	3	4	5
3	在团队内部，团队在倾听成员的想法、观点、意见或建议时心不在焉	1	2	3	4	5
4	在工作中，团队会优先考虑过去的经验或未来的不确定性	1	2	3	4	5
5	在团队的工作中，成员会出现注意力不集中的现象	1	2	3	4	5

续表

序号	题　项	认同程度				
6	团队内成员出现不合理或不恰当的想法或情绪时，会受到批评	1	2	3	4	5
7	团队中出现的有些想法或情绪是不合时宜的	1	2	3	4	5
8	团队能意识到成员的想法或感受，但不做出过度反应	1	2	3	4	5
9	团队意识到成员的想法或感受出现差错时，团队对成员能友好相待	1	2	3	4	5
10	团队即使面临紧急事情，也会保持平静和放松的氛围	1	2	3	4	5
11	团队成员提出了实现目标的新方法	1	2	3	4	5
12	团队成员提出了新的和实用的想法来提高绩效	1	2	3	4	5
13	团队成员提出了提高质量的新方法	1	2	3	4	5
14	团队成员向其他人推广自己的想法和支持他人新的想法	1	2	3	4	5
15	如果有机会，团队成员会表现出创造力	1	2	3	4	5
16	团队成员为实施任务制订了充分的计划和时间表	1	2	3	4	5
17	团队成员会有新颖的和有创意的想法	1	2	3	4	5
18	团队成员想出了创造性的解决方案	1	2	3	4	5
19	团队任务包含许多变化或不确定因素	1	2	3	4	5
20	团队任务需要大量专业知识储备才能完成	1	2	3	4	5
21	团队任务需要与不同专业的人员合作才能完成	1	2	3	4	5
22	团队任务需要足够的经验才能完成	1	2	3	4	5
23	团队任务需要不断学习新的知识才能完成	1	2	3	4	5

　　二、您在多大程度上同意以下对您下属员工的描述，以 **1～5** 的数字表示您的看法：**1**—非常不符合；**5**—非常符合。在您选择的答案上画圈。

序号	题　项	成员1姓名_____					成员2姓名_____				
1	尝试新想法或新方法	1	2	3	4	5	1	2	3	4	5
2	寻找解决问题的新想法或新方法	1	2	3	4	5	1	2	3	4	5
3	能产生与其工作领域相关的独创性想法	1	2	3	4	5	1	2	3	4	5
4	是创造力方面的良好榜样	1	2	3	4	5	1	2	3	4	5

序号	题 项	成员3姓名_____					成员4姓名_____				
1	尝试新想法或新方法	1	2	3	4	5	1	2	3	4	5
2	寻找解决问题的新想法或新方法	1	2	3	4	5	1	2	3	4	5
3	能产生与其工作领域相关的独创性想法	1	2	3	4	5	1	2	3	4	5
4	是创造力方面的良好榜样	1	2	3	4	5	1	2	3	4	5

序号	题 项	成员5姓名_____					成员6姓名_____				
1	尝试新想法或新方法	1	2	3	4	5	1	2	3	4	5
2	寻找解决问题的新想法或新方法	1	2	3	4	5	1	2	3	4	5
3	能产生与其工作领域相关的独创性想法	1	2	3	4	5	1	2	3	4	5
4	是创造力方面的良好榜样	1	2	3	4	5	1	2	3	4	5

序号	题 项	成员7姓名_____					成员8姓名_____				
1	尝试新想法或新方法	1	2	3	4	5	1	2	3	4	5
2	寻找解决问题的新想法或新方法	1	2	3	4	5	1	2	3	4	5
3	能产生与其工作领域相关的独创性想法	1	2	3	4	5	1	2	3	4	5
4	是创造力方面的良好榜样	1	2	3	4	5	1	2	3	4	5

序号	题 项	成员9姓名_____					成员10姓名_____				
1	尝试新想法或新方法	1	2	3	4	5	1	2	3	4	5
2	寻找解决问题的新想法或新方法	1	2	3	4	5	1	2	3	4	5
3	能产生与其工作领域相关的独创性想法	1	2	3	4	5	1	2	3	4	5
4	是创造力方面的良好榜样	1	2	3	4	5	1	2	3	4	5

三、个人及团队信息

性别：□男 □女

年龄：□25岁以下 □25—29岁 □30—34岁 □35—39岁 □40岁及以上

教育程度：□高中或中专 □大专 □本科 □硕士 □博士

团队人数：_____ 团队成立时间：_____

附录2 团队成员版调查问卷

您好！感谢您参与此次问卷调查。本问卷采用匿名填写方式，您的答案将予以严格保密，仅用于研究。题目答案无对错之分，请结合您的工作情境，根据事实情况填写。再次表示感谢！

上海大学管理学院课题组

2021年4月

一、您多大程度上认同对您所在团队工作时状态的描述：1—完全不同意；5—完全同意。在您选择的答案上画圈。

序号	题　项	认同程度				
1	团队经常重申目标	1	2	3	4	5
2	团队经常讨论完成工作的方法是否合适有效	1	2	3	4	5
3	团队定期讨论工作的有效性	1	2	3	4	5
4	团队根据不断变化的环境调整目标	1	2	3	4	5
5	团队策略很少改变	1	2	3	4	5
6	团队经常讨论如何更好地沟通信息	1	2	3	4	5
7	团队经常反思完成工作的过程	1	2	3	4	5
8	团队很少改变决策方式	1	2	3	4	5

二、您多大程度上认同以下对您的工作状态的描述：1—完全不同意；5—完全同意。在您选择的答案上画圈。

序号	题　项	认同程度				
1	我喜欢探索我的"内在"自我	1	2	3	4	5
2	我喜欢从不同的角度来反思我的工作	1	2	3	4	5
3	我喜欢深思事物的本质和意义	1	2	3	4	5
4	我确实不喜欢自省	1	2	3	4	5
5	我坚持自己对待事物的态度	1	2	3	4	5
6	我喜欢分析做事情的原因	1	2	3	4	5
7	我不太喜欢自我剖析	1	2	3	4	5
8	我不是一个喜欢深度思考的人	1	2	3	4	5
9	哲学或抽象思维对我没有那么大的吸引力	1	2	3	4	5
10	我不喜欢冥思苦想	1	2	3	4	5
11	人们常说我是一个深思、自省的人	1	2	3	4	5

续表

序号	题 项	认同程度				
12	我天生就很好奇	1	2	3	4	5
13	我的工作很复杂	1	2	3	4	5
14	我的工作需要很多技能	1	2	3	4	5
15	我的工作需要很长时间来学习所需的技能	1	2	3	4	5

三、您多大程度上认同以下您与团队成员共事状态的描述：1—完全不同意；5—完全同意。在您选择的答案用上画圈。

序号	题 项	认同程度				
1	团队成员能够理解彼此的情绪	1	2	3	4	5
2	团队成员能够理解团队中的情绪氛围	1	2	3	4	5
3	团队成员能够理解团队情绪氛围传递的信息	1	2	3	4	5
4	当团队中出现紧张情绪时,团队成员会承认并谈论这种紧张情绪	1	2	3	4	5
5	团队成员有特定的表示方式来描述团队中出现的情绪	1	2	3	4	5
6	团队成员能够关注其他成员的情绪并彼此分享	1	2	3	4	5
7	团队能够清晰而及时地感受到团队情绪以及组织情绪氛围	1	2	3	4	5
8	当团队中出现不良情绪时,团队成员能够发现并及时调整	1	2	3	4	5
9	团队善于把握团队情绪,在适当的情绪氛围中提出并解决问题	1	2	3	4	5
10	团队常常能够营造出积极向上的团队情绪氛围	1	2	3	4	5
11	团队具有团队规范能力,引导团队成员营造出积极向上的团队情绪氛围	1	2	3	4	5
12	当团队成员出现与团队不一致的情绪反应时,团队情绪规范能力能够使其与团队保持一致	1	2	3	4	5
13	团队成员之间情绪会相互影响,大部分都是乐观、积极向上的	1	2	3	4	5
14	我能感知到自己的情绪	1	2	3	4	5
15	我知道给别人施加多大的压力合适	1	2	3	4	5
16	我能感受到自己的情绪对他人的影响	1	2	3	4	5
17	我能够控制自己的情绪和表现	1	2	3	4	5
18	我可以将一贯性和适应性相结合来处事	1	2	3	4	5
19	我能控制我的脾气,并且理智地处理问题	1	2	3	4	5
20	我能换位思考他人的情绪	1	2	3	4	5
21	我对组织出现的问题能有直觉判断	1	2	3	4	5
22	我能够根据他人的行为感知他人的情绪状态	1	2	3	4	5

续表

序号	题　项	认同程度				
23	我有较强的人际沟通技巧	1	2	3	4	5
24	我能令人信服地缓解冲突	1	2	3	4	5
25	我总能在需要的时候赢得他人支持	1	2	3	4	5

性别：□男　□女

工作年限：_____　所在岗位：_____

年龄：□25岁以下　□25—29岁　□30—34岁　□35—39岁　□40岁及以上

教育程度：□高中或中专　□大专　□本科　□硕士　□博士

专业领域：□管理　□技术

附录3　团队主管访谈提纲

（1）您所在的团队何时组建的？成员是多少？主要完成何种类型的任务？成员在专业、文化、教育、性格、价值观、年龄等方面是否有较大差异？

（2）团队在执行任务中，有没有遇到过突发事件？面对突发事件，团队是如何应对的？

（3）您有没有发现团队成员没有真正了解任务的要求就开始着手工作的情况？团队的任务是否需要足够的知识储备？团队任务需要不同专业的成员共同完成吗？

（4）团队中出现不合理的想法时，您会批评成员吗？或者成员间会相互提出意见吗？

（5）在任务进行中面临紧急事情时，团队成员会出现什么情绪，紧张、平静还是其他？当意外发生时，团队成员有没有充分准备（包括技能和专业知识、应变能力）来应对呢？

（6）团队成员有没有时常感到压力很大（如时间、成本、成长或利润压力）？团队是如何帮助成员的？团队成员在工作中需要相关信息时，团队能及时提供吗？

（7）团队成员会经常一起反思完成工作的过程吗？团队成员会经常讨论工作的有效性吗？团队成员会不会提出一些新的想法和倡议？团队会采纳他们的

新想法吗？

（8）团队成员一起合作、讨论和反思，会不会促进成员产生新的想法？

（9）团队工作中，成员能融入团队工作的气氛中吗？团队成员会一起集中精力解决问题吗？

（10）团队是否能控制整体情绪氛围，搁置对工作任务或其他事情的负面情绪？

附录4　团队核心成员访谈提纲

（1）您是何时加入团队的？成员有多少？主要完成任务是什么？在工作中遇到什么样的困难？当任务不能推进时，团队成员会否定之前的做法，还是会共同探讨原因？

（2）团队任务需要大量专业知识储备吗？需要不同专业人员合作吗？有没有感到缺乏应对突发事件时所需的技能和专业知识？

（3）在工作中您是否经常感到有巨大压力（如时间、成本、成长或利润压力）？压力会导致团队成员走捷径吗？在工作中，您是否能清楚感知自己产生某种情绪的原因？

（4）团队在执行任务中，有没有遇到过突发事件？面对突发事件，团队是如何应对的？

（5）您认为当团队任务难度大的时候会促进团队成员重新审定目标吗？团队会根据实际情况制定目标或做出策略调整吗？

（6）当团队任务没能按照预期进行时，团队成员能否回想和讨论最初的假定？

（7）当团队执行任务遇到困难时，您会思考自己做得是否合理吗？会不会产生新的想法？

（8）您在执行任务时能够获得团队成员的帮助吗？在工作中，您会主动寻求帮助吗？

（9）在执行任务时，您能理解团队处理问题的方式方法吗？当遇到困难时，团队成员能否共同商议，产生新的想法来解决问题？

（10）在团队工作中，您能否从他人行为获知其情绪状态？在您遇到阻碍而情绪低落时，团队其他成员是否会伸出援助之手？